CLV

Christliche Literatur-Verbreitung e. V.
Ravensberger Bleiche 6 · 33649 Bielefeld

DIE ABENTEUER-REISE
4
Lois Walford Johnson
MUTIGES HERZ

1. Auflage 2020

Originaltitel:
Heart of Courage / Viking Quest #4

erschienen im Verlag Moody Publishers
820 N. LaSalle Boulevard · Chicago, IL 60610 · USA

Ravensberger Bleiche 6 · 33649 Bielefeld
Internet: www.clv.de

Übersetzung: Franziska Sägesser
Satz: EDV- und Typoservice Dörwald, Steinhagen
Umschlag: Andreas Fett, Meinerzhagen
Druck und Bindung: CPI books GmbH, Leck

Artikel-Nr. 256454
ISBN 978-3-86699-454-6

Inhalt

Vorwort

Für uns alle kommt mindestens einmal eine Zeit, in der wir mit einer so schwierigen Situation konfrontiert werden, dass wir uns fragen, ob wir mit ihr fertigwerden können. Doch wenn wir zur richtigen Zeit die richtigen Entscheidungen treffen, schauen wir eines Tages zurück und bemerken, dass wir darin ein äußerst wertvolles Geschenk erhalten haben. Gott sei mit euch, meine Freunde, während ihr ein mutiges Herz gewinnt.

Die Warnung

Noch im Halbschlaf nahm Briana O'Toole ein Geräusch wahr. *Was ist das?*, fragte sie sich. Das Geräusch schien aus der Nähe zu kommen und doch weit entfernt zu sein. Was hatte Bree in der Dunkelheit vor dem Morgengrauen geweckt?

Durch eine offene Tür in der Scheune, in der sie schlief, hörte Bree, wie Fischer Köder und Angelgeräte aufluden. Danach kam ein scharrendes Geräusch, als sie ihre Boote übers Ufer und in den norwegischen Fjord stießen. Kurz darauf quietschten Ruder. Alles Geräusche von Männern aus dem Dorf Aurland, die auf ihren täglichen Fischzug gingen.

Inzwischen, an jenem frühen Sommermorgen Ende des 10. Jahrhunderts, kannte Bree diese Geräusche gut. *Warum bekomme ich Angst bei solchen alltäglichen Geräuschen?*

Dann fiel es Bree wieder ein. Erst gestern Abend hatte ihr Bruder Devin ihr mitgeteilt, dass er vielleicht bald nach Irland aufbrechen würde. Tief in ihrem Innern verspürte Bree eine Warnung. Bestimmt würde sie heute mehr darüber erfahren. Diesen Nachrichten musste sie sich wohl oder übel stellen, darüber bestand kein Zweifel.

Hoch oben auf dem Heuboden, wo sie schlief, schob Bree ihre Decke zurück. Am ersten Abend, an dem sie Mikkels Familie gedient hatte, hatte sie sich ihr eigenes weiches Bett eingerichtet – ein Nest aus duftendem Heu, das an einem Berghang geschnitten worden war. Neun Monate waren inzwischen vergangen, seitdem Bree und weitere irische Gefangene auf einem Wikingerraubzug in dieses Dorf gebracht worden waren.

Trotz allem, was vorgefallen war, lächelte Bree, denn sie wusste etwas, das nur die Iren wussten. Niemand sonst. Nicht einmal Mikkel, der fünfzehnjährige Anführer des Raubzugs, bei dem Bree entführt worden war. Weder sein Vater Sigurd, der Häuptling des Aurlandsfjord, noch seine Mutter Rika. Weder sein Bruder Cort noch seine Großeltern.

Mein Vater ist ein irischer Stammesfürst, dachte Bree. *Ein weiser und mächtiger Stammesfürst, dem seine Leute wichtig sind.* Obwohl sie nach außen wie eine Sklavin erschien, wusste sich Bree insgeheim fest geliebt. Sie verspürte Freiheit im Herzen.

Bree tastete in der Dunkelheit nach ihren Kleidern und zog sich rasch an. Als sie die Schuhe anzog, hörte sie, wie eine schwere Seekiste in ein Schiff fallen gelassen wurde, und Schritte, die den Pfad vom Fjord heraufkamen.

Mit flinken Bewegungen packte Bree eine Sprosse und kletterte hastig die Leiter hinunter. Durch die dunkle Scheune eilte Bree, ohne Licht zu benötigen, da sie jede Ecke darin genau kannte. Als sie die Tür öffnete, die von der Scheune ins Haus führte, hörte sie Mikkels wütende Stimme.

»Das kann ich nicht!«, rief er aus. »Das will ich nicht!«

Lautlos betrat Bree den Gang, der in den großen Raum führte, wo die Familie aß, schlief und diskutierte. Dann schloss sich die Tür hinter Bree mit einem Quietschen. Augenblicklich wurde es still im Raum.

Ein unangenehmes Gefühl beschlich Bree. *Was haben sie über mich geredet?* Die Frage nagte an ihrem Herzen.

Bree tat so, als wäre ihr nichts Ungewöhnliches aufgefallen, und eilte zum langen offenen Herd. Als sie in den Gluten stocherte, flackerte das Feuer auf, worauf sie mehr Holz hinzufügte. Mit einem langen Holzlöffel rührte sie den Haferbrei um. Als es schließlich an der Außentür klopfte, war Bree bereit.

Als Mikkel die Tür weit öffnete, stand Ingmar draußen. Er war mindestens vier Jahre älter und größer als Mikkel und sein blondes Haar war dunkler. Ingmar war auch Befehlshaber des Schiffes, auf dem Brees Bruder Devin sicher von Irland zum norwegischen Fjord gesegelt war.

Bei Ingmars Anblick trat Mikkel zurück, als wollte er nicht mit ihm sprechen. Erst kürzlich hatte das *Ting*, die Versammlung der freien Männer, über Devins Zukunft und den Streit zwischen Ingmar und Mikkel entschieden.

Nun warf Ingmar einen flüchtigen Blick auf Bree und schaute dann Mikkel an. Auf einmal streckte Ingmar die Hand aus. »Unsere freien Männer haben gesprochen«, sagte er. »In der Abstimmung haben sie Brees Bruder Devin befreit.«

Mikkel blickte auf Ingmars Hand hinunter und seine Gesichtszüge wurden hart, doch Ingmar fuhr fort: »Du und ich, wir sind Cousins und blutsverwandt, Mikkel. Schließen wir Freundschaft!«

Mikkel warf einen kurzen Blick in Richtung seines Vaters Sigurd. Der Häuptling saß auf einer Bank an der Wand und schien zu beobachten, was sich abspielte. Mikkel wandte sich wieder Ingmar zu.

Mit einer raschen Bewegung schob Mikkel die Haare, die ihm ins Gesicht fielen, zurück. Dann, sehr bedacht, streckte er die Hand aus und schlug ein.

Die Augen des jungen Mannes blickten erleichtert. »Morgen werden wir mein Schiff fertig beladen haben«, erklärte Ingmar. »Wenn der Wind günstig ist, machen wir uns auf den Weg.«

Mikkel nickte abwartend.

»Ich werde Brees Bruder mitnehmen.« Obwohl Ingmar mit der Familie sprach, behielt er Bree im Auge. »Ich werde ihre Schwester Keely und ihre Freundin Lil mitnehmen. Ich werde sie sicher nach Dublin führen.«

Ohne Vorwarnung stiegen Bree Tränen in die Augen. *Jetzt. Das ist der Moment, vor dem ich mich gefürchtet habe.*

Doch dann verstand sie, dass Ingmar gekommen war, um sie darauf aufmerksam zu machen, dass sie einen letzten Tag hatte, an dem sie sich verabschieden konnte. Brees Magen zog sich zusammen, doch sie erkannte das Geschenk. *Jetzt ist Schluss damit, deine Familie zu entführen,* sagte Ingmar ohne Worte. *Ich tue alles, was ich kann, um dir zu helfen.*

Langsam legte Bree den großen Holzlöffel nieder. Hocherhobenen Hauptes trat sie hinter dem großen Kochtopf hervor, der an einer Kette von der Decke hing. Mit gestrafften Schultern ging sie um den Herd herum und stellte sich vor Ingmar. Anmutig wie eine junge Frau vor einem König fasste Bree den Saum ihres Rockes und machte einen tiefen Knicks vor ihm.

»Herzlichen Dank«, sagte sie sanft.

Als Bree wieder aufblickte, sah sie die Freundlichkeit in Ingmars Augen und wusste, dass sie seinen Wunsch zu helfen richtig interpretiert hatte. Dann bemerkte sie noch etwas anderes – den Mut, der Ingmars Leben prägte, dass er Mikkel so ansprechen konnte wie eben.

Diesmal wandte sich Ingmar direkt an sie. »Wenn ich nach Aurland zurückkehre, werde ich dich informieren. Dann wirst du wissen, dass dein Bruder, deine Schwester und deine Freundin sicher in Irland angekommen sind.«

Erneut machte Bree einen Knicks. Als sie sich wieder aufrichtete, nickte Ingmar, zum Zeichen, dass er ihr Dankeschön annahm. Er wandte sich ab und trat nach draußen. Während er langsam die Tür schloss, war jedoch die Sorge um Bree auf seinem Gesicht zu lesen.

Als Bree zum Feuer zurückging, sprach niemand ein Wort. Auch nicht, als sie den großen Holzlöffel zur Hand nahm und den Haferbrei austeilte. Doch nun konnte Bree erahnen, was Mikkels Worte bedeutet hatten, als sie den Raum betreten hatte. Sie war sich sicher, dass seine Mutter und sein Vater gesagt hatten: »Lass Bree frei. Schick sie mit ihrem Bruder und ihrer Schwester nach Irland zurück.« Worauf Mikkel geantwortet hatte: *»Das kann ich nicht! Das will ich nicht!«*

Falls es sich so verhielt, hatte Bree einen weiteren Grund, auf Mikkel wütend zu sein. Er wusste, dass sie eine wertvolle Sklavin war, und seine Gier gewann immer die Oberhand.

Nachdem Bree die Familie bedient hatte, schöpfte sie Brei für sich selbst und nahm ihn nach draußen. Auf der Stufe, von der man den Fjord überblicken konnte, saß Bree still und allein. Trotz des Schmerzes in ihrer Brust und dem Knoten in ihrem Magen versprach sie sich selbst, dass sie das aushalten würde.

Das schaffe ich, dachte Bree, obwohl es ihr beinahe das Herz brach. Doch je länger sie zuschaute, wie die Männer Ingmars Schiff beluden, desto schwieriger wurde es.

Nur noch ein Tag, sagte sie sich selbst. *Morgen bin ich wieder allein.*

Allein. Wie lange wohl?

Für immer?

An der kürzlich stattgefundenen Versammlung, an der Devin befreit worden war, hatte Bree es geschafft, ihre Schwester Keely und ihre Freundin Lil freizukaufen. Nur Bree blieb Sklavin. Dann machte Mikkel ein überraschendes Angebot.

»Sei mein Geschichtenerzähler«, forderte er Devin auf. »Wenn du und Bree mich auf einer Reise begleitet, lasse ich Bree nach unserer Rückkehr frei.«

Frei! Schon allein der Klang dieses Wortes erfüllte Bree mit Hoffnung. *Keine Sklavin der Wikinger mehr!*

»Ich bin Ire«, antwortete Devin Mikkel. »Ich bin nicht wie eure Poeten.«

Doch Mikkel bestand darauf: »Sei mein Geschichtenerzähler. Sei mein Freund.«

Devin blickte Mikkel direkt in die Augen und wiederholte die Bedingung. »Wenn Bree und ich dich auf einer Schiffsreise begleiten, wirst du Bree freilassen, wenn wir zurückkommen.«

Plötzlich, wie mit einem Schwerthieb, wurde Brees Mut zerschlagen. Tief in ihrem Innern verspürte sie eine Warnung, die sie nicht ignorieren konnte. *Wie gut ist Mikkels Versprechen? Können Dev und ich ihm vertrauen, dass er das tut, was recht ist?*

Mut, dachte Bree. *Ich brauchte Mut, um meine Angst zu überwinden.*

Gerade da öffnete Mikkel die Tür und trat heraus. Bree warf ihm einen Blick zu und schaute dann weg. *Falls Dev zurückkommt und wir mit Mikkel auf seinem Segelschiff mitfahren, werden wir Irland dann je wiedersehen?*

Adlerflug

So, dass er gerade nicht hinunterfiel, setzte sich Mikkel so weit wie möglich von Bree entfernt auf die Holzstufe. Ärger blitzte in seinen Augen auf und rötete seine Wangen. Nach einem einzigen wütenden Blick auf Bree wandte er ihr den Rücken zu.

Als Mikkels Vater Sigurd nach draußen kam, ging er zwischen ihnen die Stufen hinunter, drehte sich um und stellte sich vor sie hin.

Sigurd, mächtiger Häuptling des Aurlandsfjords, hatte die blauen Augen und den kräftigen Körperbau. Beides hatte Mikkel geerbt. Mit seinem grauweißen Haar und dem kurz gestutzten Bart erschien Sigurd so gesund wie vor neun Monaten, als Bree ihm zum ersten Mal begegnet war. Im Sonnenlicht, das zwischen den Bergen hervorschien, schaute Bree seine Hand prüfend an.

Es stimmt! Keine offenen Wunden. Kein Aussatz!

Bree lächelte, von Herzen froh. Oft hatte sich Bree Gedanken gemacht bezüglich Sigurds Reisen und der schrecklichen Krankheit, die in Irland und weiten Teilen der Welt bekannt war. Nun hätte Bree am liebsten laut herausgerufen: »Der weise und freundliche Sigurd ist geheilt!«

Nie zuvor – außer in der Bibel – hatte Bree gehört, dass jemand von Aussatz geheilt worden war. Doch der Häuptling des Aurlandsfjords stand vor ihnen und seine Haut war wieder rein.

Bree schloss die Augen und sprach innerlich ein Dankgebet. Als sie die Augen wieder öffnete, sprach Sigurd mit von Dankbarkeit erfüllter Stimme: »Danke, Bree, dass du mir von Gott erzählt hast.«

Bree war immer noch überwältigt von dem, was Gott getan hatte. »Ich bin so froh, dass er dich geheilt hat«, antwortete sie. Doch Bree war sich bewusst, dass vor allem Mikkels Großvater mit Sigurd gesprochen hatte.

Als Bree einen Blick auf Mikkel wagte, starrte auch er Sigurd mit großen Augen an. Auch jetzt noch wanderte Mikkels Blick die Haut seines Vaters Zentimeter für Zentimeter entlang. »Es ist wahr!«, rief Mikkel, als hätte er es erst jetzt richtig erfasst.

Sigurd machte einen Schritt auf seinen Sohn zu und klopfte ihm auf die Schulter. »Ja, es ist wirklich wahr!«

Nun machte sich Mikkels Aufregung auch in seiner Stimme bemerkbar. »Auch wenn du dich vor allen gezeigt hast und es uns allen erzählt hast …«

»Ich weiß«, meinte Sigurd. »Es erschien mir auch irgendwie unwirklich. Auch jetzt noch.«

»All diese Monate …«

»Ja, all diese Monate, in denen es schlimmer wurde …«

All diese Monate, in denen Bree das Gefühl hatte, dass nichts geschah. Dass Gott weder Großvaters noch Rikas noch Devs noch ihre eigenen Gebete erhörte. Doch dann, *auf einmal …*

»Ich will den König besuchen«, erklärte Sigurd nun. »Er ist Christ, Bree. Ich will ihm zeigen, was geschehen ist.«

»Wir könnten gemeinsam nach Island segeln!«, rief Mikkel aus, als würde ihm eben bewusst, welche Möglichkeiten sich nun wieder auftaten.

»Aber zuerst will ich mit König Olaf sprechen«, bestimmte Sigurd. »Ich muss Brees Gott gegenüber meinem Dank Ausdruck verleihen – ich muss bekannt machen, was er gewirkt hat.«

Auf einmal blickte Mikkel verlegen nach unten. *Was ist los?*, hätte Bree am liebsten gefragt. Wollte Mikkel die Heilung seines Vaters, ohne an den Gott zu glauben, der sie bewirkt hatte?

Sigurd unterbrach ihre Gedanken. »Hast du es Bree gesagt?«

Mikkel schüttelte den Kopf.

»Warum nicht?«, fragte Mikkels Mutter von der offenen Tür hinter ihnen.

»Am *Ting* habe ich versprochen, dass, wenn Devin und Bree mit mir auf eine Schiffsreise gehen, ich Bree die Freiheit schenke, wenn wir nach Hause zurückkommen.«

Darauf sprach eine Zeit lang niemand. Bree blickte von Sigurd zu Rika und wieder zurück zu Mikkel.

»Bree sagt, dass ihr Gott sie überall bewahrt«, erklärte er und blickte dabei seine Mutter an.

Rika sog hörbar die Luft ein. »Ihr Gott bewahrt sie *überall*? Stimmt das, Bree?«

Da erinnerte sich Bree an die Worte ihres Bruders. »Pass auf«, hatte Devin sie gewarnt. »Mikkel wird dich auf einer Reise dabeihaben wollen. Er denkt, dass er beschützt ist, wenn du auf dem Schiff bist.«

Aha. Dev hatte Recht gehabt. Genau so war es.

Am allerwenigsten wollte Bree Rika ein falsches Versprechen machen, da sie bereits einen Sohn auf hoher See verloren hatte.

»Mein Gott – mein Jesus – hat versprochen, immer bei mir zu sein«, antwortete Bree. »Er hat versprochen, mich zu beschützen. Das heißt, wenn ich sterbe, werde ich bei ihm im Himmel sein.«

»Du könntest dennoch in einem Sturm umkommen?« Mikkels Neugierde war geweckt.

»Natürlich.« Bree grinste. »Du brauchst mich also nicht auf deiner Schiffsreise.«

»Doch«, versicherte Mikkel schnell. »Du betest zu deinem Gott und ich zu meinem. Damit ist alles abgedeckt.«

Doch Bree beobachtete Mikkels Mutter. Während ihr Mann und ihre Söhne auf Reisen waren, hatte sich Rika um alle Angelegenheiten im Haus und auf dem Bauernhof gekümmert. Den ganzen Tag lang traf sie Entscheidungen, und selten kam es vor, dass sie sich bei etwas verspätete.

»Ich habe meine Meinung geändert«, teilte Rika Mikkel mit. »Wenn du in See stichst, soll Bree eure Mahlzeiten zubereiten.«

Mikkel grinste von einem Ohr zum anderen. Doch Sigurd hatte das letzte Wort.

»Wenn Mikkel von *einer* Reise zurückkehrt, wird er sein Versprechen halten. Dann geht Bree zu ihrer Familie nach Irland zurück.«

Mikkel nickte mit feierlichem Gesichtsausdruck. Doch sobald sich sein Vater und seine Mutter zum Fjord aufmachten, grinste Mikkel wieder.

»So ist das also!« Brees Stimme war so hart wie die Eisennieten, die die Planken in Mikkels neuem Schiff zusammenhielten. »Du hast deine Eltern überredet zu tun, was du wolltest.«

Mikkel lachte. »Ich habe sie nicht hinters Licht geführt. Meine Mutter hat eben gerne gehört, was ich gesagt habe.«

Nun kochte Bree vor Wut. Sowohl Sigurd als auch Rika ließen sich nicht leicht beeinflussen. »Sie haben dir befohlen, mich nach Hause zu schicken, nicht wahr?«

Zuerst dachte Bree, dass Mikkel ihr nicht antworten würde. »Stimmt's?«, hakte sie nach.

Ohne sie anzusehen, nickte er.

Das machte Bree noch wütender. »Warum lässt du mich nicht gehen? Ich bin nur eine Irin, die deine Wikinger während des Raubzugs gefangen genommen haben.«

Mikkel tat ihre Bemerkung mit einem Achselzucken ab. Doch für Bree war die Angelegenheit so wichtig wie die Luft, die sie atmete – es ging um Leben und Tod. »Deinetwegen bin ich eine Sklavin geworden.«

Als Mikkel ruhig wurde, wusste Bree, dass sie eine empfindliche Stelle getroffen hatte. »Dein eigener Vater sagte, dass du nie frei sein würdest, bevor du die Dinge nicht wiedergutgemacht hast.«

Auf einmal brauste Mikkel auf. »Was ich getan habe, kann ich nicht rückgängig machen. Und ich sag dir was – ich will es auch nicht.« Er hielt seinen Ärger nur mit Mühe unter Kontrolle. »Wie viele Iren hat mein Schiff nach Norwegen gebracht? Wie kann ich sie alle zurückschicken?«

»Du könntest damit beginnen, indem du mich nach Hause schickst.«

»Vergiss es, Bree. So ist das Leben. Du bist eine Sklavin. So ist es nun mal.«

»Das stimmt nicht! Ich bin keine Sklavin! Und ich war auch nie eine und werde nie eine sein. Egal, wie oft du mich eine Sklavin nennst – ich bin keine.«

Beinahe hätte sie ihm gesagt, dass sie die Tochter eines hoch angesehenen irischen Stammesfürsten war. Doch stattdessen sprudelten bittere Worte aus ihr hervor: »Ich hasse dich, ich hasse dich, ich hasse dich!«

»Ich weiß.«

Mikkels leise Worte trafen Bree härter, als eine wütende Antwort es je hätte tun können. »Warum schickst du mich nicht weg, damit du mich nicht mehr sehen musst?«, fragte Bree.

Doch darauf gab Mikkel keine Antwort. Da wurde Bree klar, dass sie seine Entscheidung nicht beeinflussen konnte, auch wenn sie sich noch so sehr anstrengte.

Im Wissen darum, wie sie sich fühlen würde, nachdem ihr Bruder und ihre Schwester am nächsten Morgen abfahren würden, blickte Bree auf den Aurlandsfjord. Ein Steinadler schwang sich in der klaren Luft über den Bergen in die Höhe. Er erinnerte Bree an die Freiheit, die sie benötigte.

»Mikkel, heute ist der letzte Tag, an dem ich mit Dev und Keely zusammen sein kann. Können wir zusammen in die Berge gehen?«

Erschreckt drehte sich Mikkel um und starrte sie an. »Machst du Witze?«

»Weshalb?«

»Dann heckst du bestimmt einen Plan aus, um davonzulaufen.«

»Ich wünsche mir einen Tag, an den wir uns später zurückerinnern können.«

»Nein.«

Bree seufzte. »Ich will einfach nicht den lieben langen Tag arbeiten.«

Anstatt zu antworten, stand Mikkel auf. Bree hatte schon mehrmals gestaunt, wie geschmeidig sich der groß gewachsene und schlanke Mikkel bewegte. Manchmal fragte sie sich, ob er so schnell rennen konnte wie die Rentiere, die auf den Berghöhen unterwegs waren. Doch nun dachte sie nur daran, dass sie einen Tag mit ihrem Bruder und ihrer Schwester verlieren würde.

»Komm doch mit uns, Mikkel.«

»Mit euch mitkommen?«, fragte er.

Bree sah das Erstaunen auf seinem Gesicht. »Warum nicht?«

Anstatt ihr in die Augen zu sehen, blickte Mikkel zu den Bergen auf. Erneut bemerkte Bree den Adler und wünschte sich, sie könnte genauso frei in die Höhe steigen.

Mikkel wandte sich an sie. »Bree, ich habe dir zwei Dinge versprochen. Als das *Ting* Devin freigesprochen hat, bat ich ihn, wieder zurückzukommen, nachdem er Keely und Lil nach Hause begleitet hat. Ich habe versprochen, dass, wenn ihr beide mit mir auf die erste Schiffsreise in meinem neuen Schiff kommt, ich dir, Bree, die Freiheit schenken werde.«

»Aber woher soll ich wissen, dass du dein Versprechen halten wirst?«, fragte sie.

»Als du gefangen genommen worden bist, habe ich versprochen, mich um dich zu kümmern. Habe ich das gemacht?«

Als sich Bree zurückerinnerte, fiel ihr auf, wie Mikkel dieses Versprechen ein ums andere Mal gehalten hatte, in etlichen gefährlichen Situationen. »Tatsächlich«, gab sie erstaunt zu. »Und ich habe mich eigentlich nie dafür bedankt.«

Mikkel grinste. »Nun, du könntest beginnen mir zu danken, indem du dich anständig benimmst.«

»Anständig.«

»Höflich. Nicht wirklich nett. Das wäre zu viel verlangt. Aber nicht unhöflich.«

Anständig. Bree dachte darüber nach. Normalerweise benahm sie sich Mikkel gegenüber nur anständig, wenn sie musste. Vor seinen Eltern und den anderen Dorfbewohnern zum Beispiel. Da sie für Mikkels Familie eine Sklavin war, wurde von ihr erwartet, dass sie ihn mit einem gewissen Grad an Respekt behandelte.

»Anständig«, wiederholte Bree. »Na gut. Das schaffe ich, auch wenn gerade niemand hinschaut.«

»Und wenn du dir wirklich hohe Ziele setzen willst, könntest du sogar freundlich sein wie dein Bruder Devin.«

»Oh nein!«, rief Bree aus. »Das geht zu weit. Dev hat versprochen, dass er dein Geschichtenerzähler und Freund sein wird, wenn er von Irland zurückkommt. Aber ich bin nicht für eine Freundschaft mit dir bereit. Nie. Nie und nimmer.«

»Okay, dann einigen wir uns auf anständig.« Mikkel grinste wieder. »Auch dann, wenn du nicht musst, weil jemand hinschaut.«

Bree nickte, fragte sich jedoch, weshalb ihm dies wichtig erschien. Es war ihr nie in den Sinn gekommen, mit Mikkel zusammenzuarbeiten. Bisher hatte sie immer nur gut mit ihm auskommen wollen, um zu kriegen, was sie wollte.

Nun fragte sie sich: *Was wäre, wenn ich ihm helfen würde? Wenn ich mich sogar dafür einsetzen würde, dass seine Reise ein Erfolg wird? Vielleicht könnte ich dann früher nach Hause gehen!*

»Noch etwas«, sagte sie. »Warum zeigst du uns nicht deinen Lieblingsort?«

Mikkel drehte sich um und blickte wieder in Richtung der steilen Berge auf der anderen Seite des Aurlandsfjords. »Von hier ist es schwer zu sehen.«

Brees Neugierde war geweckt. »Warum ist es dein Lieblingsort?«

»Wenn du den Ort siehst, weißt du es.«

»Dann können wir also hingehen?« Bree konnte ihre Begeisterung nicht verbergen.

Zu ihrer Überraschung nickte Mikkel. »Ich zeige dir meine absolute Lieblingsstelle. Bereite uns etwas zu essen zu! Ich hole deine Schwester Keely. Sobald ich mit ihr hier bin, gehen wir zu Devin.«

Bree traute ihren Ohren kaum. »Oh, *tusen takk!* Tausend Dank!«

Mikkel war peinlich berührt. »Anständig, hab ich gesagt. Du musst es nicht übertreiben.«

Ohne ein weiteres Wort machte er sich auf den Weg zu dem Bauernhof, wo Keely beinahe sieben Jahre lang gewohnt hatte. Bree konnte es immer noch kaum glauben, dass Mikkel ihr Zeit mit Dev und Keely geschenkt hatte.

Als Bree ihren Blick nach oben richtete, entdeckte sie den Adler erneut. Er stieg direkt über ihr in die Höhe, sodass Bree ihn gut sehen konnte. *Gott scheint ziemlich gut darin zu sein, Wunder zu wirken.* Da es außer Gott niemand hören konnte, lachte Bree laut heraus.

Mikkels Prüfung

Während Bree Proviant zubereitete, waren ihre Gedanken anderweitig beschäftigt. *Warum will ich immer neue Berge, Länder und Meere erkunden?* Soweit sie zurückdenken konnte, hatte Bree schon immer wissen wollen, was hinter einer Wegkurve, einer Flussbiegung oder einer Baumgruppe lag.

Als Mikkel mit Keely zurückkehrte, blickte Bree ihrer Schwester in die Augen. Sie wusste, dass ihre eigenen Augen genauso tiefbraun waren. Keelys Haare hingegen waren sandfarben und nicht rotblond. Voller Vorfreude auf den bevorstehenden Ausflug in die Berge glänzten Keelys Augen.

Alle trugen ein Essenspaket, und Mikkel ging voran zu dem Haus, wo Devin wohnte. »Mikkel hat gesagt, wir können eine Wanderung machen«, erklärte Keely ihrem Bruder auf dem Weg zum Fluss.

Wie ihr Vater hatte Devin schwarzes Haar und die tiefblauen Augen der dunklen Iren. Nun strahlte er über das ganze Gesicht.

»Ingmar hat uns mitgeteilt, dass du, Keely und Lil morgen losfahren«, erklärte Bree.

Ein erschreckter Blick trat auf Devins Gesicht. Er ging etwas langsamer. In sicherer Distanz zu den anderen flüsterte er Bree zu: »Wenn ich von Irland zurückkomme, denkst du, wir können Mikkel vertrauen, dass er dich gehen lässt?«

»Nicht, wenn er sich von seinem Temperament oder seiner Gier leiten lässt«, antwortete Bree genauso leise.

»Oder von seiner Ruhm- und Ehrsucht.« Vieles konnte Mikkel davon abhalten, ein Versprechen zu halten.

»Wir müssen ihn prüfen«, meinte Devin, worauf Bree grinste.

Vor langer Zeit hatten sie herausgefunden, wie sie testen konnten, wie jemand, der ihnen Probleme bereiten könnte, reagierte. Wer wurde wütend, statt etwas als Spaß aufzufassen? Von wem konnten sie wissen, dass er ehrlich und fair war?

Von ganzem Herzen wünschte sich Bree, dass ihrem Bruder ein möglichst schwieriger Test einfiel. Sie beide mussten herausfinden, was Devin tun sollte. Was, wenn er zurückkam und seine Freiheit dabei erneut einbüßte? Oder noch schlimmer, sein Leben?

Plötzlich hatte Bree einen Einfall. »Hast du noch irgendwelche Münzen übrig von denen, die der Schuhmacher in Dublin dir gegeben hat?«

»Nur eine.«

»Wie würdest du dich fühlen, wenn du sie verlieren würdest?«

Devin starrte sie an. »Ich mache mich also mit zwei jungen Mädchen von diesem Nordland auf und sage mir selbst: ›Du kannst sie nach Irland zurückbringen ohne eine einzige Münze!?‹«

Bree kicherte, doch da blieb Devin auf einmal stehen. »Ach so – für eine gute Sache könnte ich die Münze vielleicht verlieren.«

Als die vier den Fluss erreichten, holte sie der Hund ein, den Bree Shadow nannte. Der Hund war von mittlerer Größe, schwarz und hatte einen gebogenen Schwanz. Er war Brees Freund geworden. Als sie in das kleine Boot stieg, sprang Shadow auch hinein.

Bree und Devin nahmen die Ruder und Mikkel setzte sich wie ein König hin, der erwartet, von seinen Sklaven bedient zu werden. Sie hatten den Fluss beinahe überquert, als Devin das Blatt seines Ruders hob und Mikkel anspritzte. Wasser sprühte über sein Gesicht, seine Schulter und seinen Ärmel.

»Entschuldigung«, sagte Devin schnell, doch Mikkels Blick verriet Bree, dass er die Wahrheit erriet. Sowohl Bree als auch Devin waren zu geübte Ruderer, als dass sie aus Versehen spritzen würden.

Zu Brees Erstaunen tat Mikkel die Sache mit einem Schulterzucken ab. »An so einem warmen Tag fühlt sich das gut an.«

Auf der anderen Flussseite rannte Shadow auf dem Pfad, der durch einen Birkenwald führte, den steilen Hügel hinauf voraus. Als Devin sich neben Mikkel gesellte, wurde Bree neugierig. Was könnte ihr Bruder zu Mikkel sagen?

Manchmal schienen sie wie beste Freunde. Doch manchmal konnte Bree den Ärger zwischen den beiden förmlich spüren. Sie war sich sicher, dass Dev tief in die Trickkiste greifen würde, um herauszufinden, was er wissen wollte.

Feind neben Feind, befand Bree. Wie konnte Mikkel je etwas anderes sein, nach all dem, was er ihnen geraubt hatte?

Hinter den Birken befand sich ein Kiefernwald. Von Zeit zu Zeit rannte Shadow davon, um Hasen zu jagen. Manchmal verschwand er wie der Blitz im Wald. Wenn er zurückkehrte, hielt er sich jeweils dicht an Bree.

»Komm zu mir, Shadow«, rief sie, und er gehorchte immer.

»So heißt er nicht«, korrigierte Mikkel.

»Das ist *mein* Name für ihn«, erwiderte Bree. »Er folgt mir gerne überallhin.«

Im dichten Nadelwald fühlte sich Bree eingeengt und eingesperrt. Als Keely langsamer wurde, fragte sich Bree, ob ihre Schwester wohl Probleme mit dem Fuß hatte, den sie sich gegen Ende des Winters verletzt hatte. Doch Keely sagte: »Ich will morgen nicht ohne dich gehen.«

»Du hast keine andere Wahl.« Bree hatte ihre eigene Gelegenheit freizukommen an Keely weitergegeben und wollte nicht, dass sie sich später Vorwürfe machte. »Kannst du dir vorstellen, wie überwältigt Vater und Mutter sein werden, wenn sie dich wiedersehen?«

»Es scheint so unwirklich.« Keely lächelte sanft, jedoch nur kurz. »*Du* solltest gehen. Das Lösegeld, das Dev brachte, war für dich.«

Trotz des Schmerzes, den Bree verspürte, schüttelte sie den Kopf. »Du musst deinen Bruder und deine Schwestern kennenlernen, bevor sie alle erwachsen sind. Cara und Jen hast du ja noch nie gesehen!«

Erneut funktionierte es. Keely lächelte. »Es ist wie ein Traum.«

Dann blickte sie um sich, und die Dunkelheit unter den Tannenästen schien sich in ihren Augen widerzuspiegeln. »Bree, ich werde dir bis an mein Lebensende dankbar sein, dass du mir deinen Platz überlassen hast, um nach Hause zu gehen. Aber falls du nicht nach Irland zurückkommst, werde ich immer einen Schmerz hier drin verspüren.« Keely legte die Hand auf ihr Herz.

Bree legte ihre Hand auf Keelys Hand. »Ich komme zurück«, versprach Bree. »Ich komme nach Hause.«

Trotz ihrer aufmunternden Worte verspürte sie die bedrückende Dunkelheit des Waldes. *Werde ich wirklich zurückkehren?*, fragte sich Bree. Sie war froh, als sie ein weniger dicht bewaldetes Gebiet erreichten.

An manchen Stellen markierten große Steine den Weg wie Wächter. Weiter vorne wuchsen Tannenbäume zwischen flachen Steinen. Wo das Licht zwischen den Ästen durchschien, hatte Bree eine bruchstückhafte Aussicht auf das, was sich unter ihnen befand.

Der Pfad, den sie hinaufgingen, führte im Zickzack den steilen Berghang hoch. Über der Baumgrenze führte Mikkel die Gruppe an eine tiefe Spalte im Berg. Die Felsen ragten auf beiden Seiten eines schmalen Durchgangs hoch hinauf.

Wie bei einem Riss in der Erde bestanden die Seiten aus rauen, unregelmäßigen Felsen. »Tretet nur dorthin, wo ich hintrete«, mahnte Mikkel.

Er übernahm erneut die Führung, hielt sich an einem Felsgriff fest und überprüfte jeden Schritt. Von einem schmalen Felsvorsprung zum nächsten kletterte er nach oben. Bree beobachtete ihn genau und folgte ihm, dann kam Keely und zum Schluss Devin.

Höher und höher stiegen sie auf dem Zickzackpfad den Berg hinauf. Als sie einige Minuten verschnauften, blickte Bree auf ein Bauernhaus hinunter. Das Haus war kleiner als das, in dem Mikkel wohnte. Doch Bree war sich sicher, dass auch in diesem Bauernhaus der Wohnbereich am einen und die Scheune am anderen Ende war. Hinter der Scheune konnte Bree ein großes Nebengebäude ausmachen.

Während Bree immer noch hinabsah, kam ein kräftig gebauter Mann mittlerer Statur links aus dem Gebäude, ging an der Bree zugewandten Hausseite entlang und verschwand am rechten Ende des Gebäudes. Einen Augenblick später erschien er wieder auf der linken Seite. Als er das Gebäude zum dritten Mal umrundet hatte, war Bree verwundert. »Der Typ läuft ja unglaublich schnell«, murmelte sie vor sich hin.

Weiter den Pfad hinauf wurden alle still, als hätte niemand mehr etwas zu sagen. Je länger die Stille andauerte, desto nervöser wurde Bree. Normalerweise redeten sie, Devin und Keely ununterbrochen. Da Mikkel jedoch jedes Wort mithörte, kam nicht einmal Bree ein Gesprächsthema in den Sinn.

Die nächste Rast legte Mikkel bei einem großen flachen Stein ein. »Essenszeit«, bestimmte er.

Während die Luft zwischen ihnen von einer unangenehmen Stille erfüllt war, breitete Bree das Essen auf einem sauberen flachen Felsen aus. Getrockneter Fisch. Dicke, mit Butter bestrichene Brotscheiben. Käse und kleine mit Honig gebackene Haferkekse. Shadow legte sich neben Bree und wartete darauf, dass etwas für ihn abfiel.

Zu Brees Überraschung schickte Mikkel den Hund nicht fort. Er warf einen Blick aufs Essen und sagte sogar: »Danke, Bree. Du hast meinen Geschmack getroffen.«

»Nee«, wandte Devin ein. »Sie hat *meinen* Geschmack getroffen.«

Plötzlich lachte Keely. »Du meinst, *meinen*!«

Einen Augenblick lang verschwand das Unbehagen zwischen ihnen. Doch in kürzester Zeit kehrte es zurück. Bree blickte von einem bedrückten Gesicht zum nächsten. Dann fiel ihr ein: *Es liegt auch an mir, Mikkel auf die Probe zu stellen.*

Als sie das Brot herumreichte, setzte sie ihr entzückendstes Lächeln auf – das Lächeln, das sie vor einem Spiegel geübt hatte.

Der lange Abschied

Mikkel kaute gerade an seinem zweiten Stück Brot, als er auf etwas Hartes biss. Erst war er erstaunt. Bree war so eine gute Köchin, dass eigentlich nichts Hartes in dem Essen sein sollte, das sie ihm gab. Dann bemerkte er, wie Bree ihn beobachtete.

Aha!, dachte Mikkel. Er beugte sich vor und band den Schnürsenkel an einem Lederstiefel fester. Schnell fuhr er mit der Zunge über das harte Stück in seinem Mund. *Ein kleiner Stein?*

In der Nähe des Felsens, wo sie aßen, lagen Kieselsteine am Boden. Bei ihrem Anblick bekam Mikkel Gewissheit. Mit der Zunge schob er den kleinen Stein in seinem Mund zur Seite. Als sich Mikkel wieder aufrecht hinsetzte, war er bereit weiterzuessen.

Nun entging Mikkel auch Devins lauernder Blick nicht mehr. *Na gut*, dachte Mikkel, während er sich fragte, warum sie ihm auf den Zahn fühlten. *Das Spiel kann ich auch.* Mit dem Stein in seiner Backentasche kaute er vorsichtig und schluckte dann.

Auf einmal blickte Bree besorgt drein. Doch ebenso schnell wich die Besorgnis wieder von ihrem Gesicht.

Als Mikkel ein zweites Stück Brot nahm, fand er einen zweiten Stein. Diesmal schob er ihn auf die andere Seite im Mund. Bree und Devin beobachteten ihn immer noch.

Erst fand Mikkel das Ganze irgendwie lustig. *Sie fragen sich, wie ich reagiere, wenn sie mich ärgern.* Doch mit der Zeit dämmerte es Mikkel, dass das Spiel ernst war. *Sie wollen wissen, ob ich mein Versprechen halte. Werde ich Bree wirklich nach einer Reise freilassen?*

Einen Augenblick lang versprach sich Mikkel selbst, dass er tun würde, was er gesagt hatte. Sein Vater hatte ihm durchaus gute Gründe geliefert, ein ehrlicher Händler zu sein. Doch andererseits hatte der Raubzug auf das irische Kloster Mikkel zu einem reichen Vierzehnjährigen gemacht. Nun war er fünfzehn, und er dachte nicht ungern an jenen Reichtum.

Im nächsten Augenblick erkannte Mikkel die Wahrheit: *Ich will mich nicht ändern.* Solange er zurückdenken konnte, suchte er Ehre und Reichtum. *Ist es nicht gut, ehrgeizig zu sein?*, versuchte er sich zu rechtfertigen.

»Warum gebt ihr Keely nicht die Möglichkeit, sich auszuruhen?«, wandte sich Mikkel an Bree. »Nehmt euch Zeit zum Reden, solange ihr wollt.«

Als Bree aufschaute, sprach Erstaunen aus ihren Augen. »Danke, Mikkel«, sagte sie sanft.

Mikkel entfernte sich und spie die kleinen Steine in seine Hand. Als Bree und Devin nicht hinguckten, ließ er die Kieselsteine zu Boden fallen. Aber seine Gedanken konnte er nicht so einfach hinter sich lassen.

Stattdessen musste er immer wieder an das Gespräch am Morgen mit seinen Eltern denken.

»Schick sie nach Hause, Mikkel«, hatte seine Mutter gesagt.

»Schau, was Bree und ihr Gott alles für uns getan haben«, hatte ihn sein Vater ermahnt. »Sieh mich an.« Sigurd streckte seine Arme aus und öffnete seine Hände, um zu zeigen, dass seine Haut und Finger normal aussahen. »Ich bin rein, rein, rein!«

Großvater und Großmutter nickten zustimmend. »Ich werde Bree vermissen«, hatte Großmutter gesagt. »Aber tu das, was recht ist, Mikkel!«

Nun musste Mikkel wohl oder übel sein eigenes Herz betrachten. Als er hoch über dem Fjord auf festem Felsen stand, fühlte er sich so zittrig, als würde er in einen bodenlosen Abgrund blicken.

Bree ist eine wertvolle Sklavin. Die wertvollste Sklavin, die ich je gekannt habe.

Dann musste sich Mikkel eingestehen, dass da noch mehr war. Genauso wenig wie Devin und Keely und das irische Mädchen Lil wollte er selbst sich von Bree verabschieden.

Wassermusik

Als Bree die Essensreste einsammelte, blickte sie wieder auf das Bauernhaus hinunter, das ihr vorher aufgefallen war. Diesmal betrat der Mann, den sie bereits gesehen hatte, das Haus durch die Tür am einen Ende. Wenige Augenblicke später kam er am anderen Ende des Gebäudes heraus.

Bilde ich mir das nur ein? Bree rieb sich die Augen.

Seit beinahe neun Monaten schlief sie auf dem Heuboden einer Scheune. Sie wusste genau, wie weit es von einem Ende von Sigurds Haus zur Scheune am anderen Ende war. Obwohl das Haus auf dem Berg unter ihnen nicht ganz so groß war, war es doch lang genug, um Brees Neugierde zu wecken.

Wie konnte dieser Mann so schnell von einem Ende des Hauses zum anderen Ende der Scheune gehen? Ist er die ganze Strecke gerannt?

Als sie aufbrachen, gingen Bree und Mikkel voraus. Bald erreichten sie eine Hochebene, und Mikkel führte Bree an den felsigen Rand der Ebene. Weit unten erschienen die Wasser des Fjords blauer denn je zuvor.

Aus dieser Höhe konnte Bree bis zum Ende des langen, engen Wasserwegs sehen. Still stand sie da und ließ die Aussicht auf sich wirken. Die ausgedehnten Bergzüge, die oben weiß waren. Der Fluss, der durch das Dorf Aurland floss und sich dann in den Fjord entleerte.

Voller Stolz machte Mikkel sie auf das Bauernhaus aufmerksam, in dem seine Familie seit Generationen wohnte. In großer Entfernung, fast am Ende des Fjords, ergoss sich ein Wasserfall in das darunterliegende Tal.

Soweit Bree zurückdenken konnte, fühlte sie sich zu Anhöhen hingezogen. Überraschenderweise verspürte sie nun wieder diese Begeisterung, sogar in einem fremden Land.

Mikkels Welt war ganz anders als ihre eigene, doch Bree musste zugeben, dass sie schöner war, als sie es sich je hätte vorstellen können. Sie nahm einen tiefen Atemzug und bemerkte dabei, dass Mikkel sie beobachtete.

»Gefällt es dir?«, wollte er wissen.

»Sehr!« Zu Brees Überraschung ließ sie die wunderbare Aussicht sogar den Ärger vergessen, den sie Mikkel gegenüber oft empfand.

»Weißt du was?«, sagte sie. »Dein Lieblingsplatz ist wie meiner. Von hier sieht man das Ende des Fjords. Von meinem Lieblingsort sieht man die Irische See.«

Doch nun, während sie in die Weite blickte, bekam Bree Heimweh nach der Aussicht, die sie schon lange kannte. »Ich habe einen Entschluss gefasst. Ich will mein Bestes geben, damit deine Schiffsreise ein Erfolg wird.«

»Im Ernst?« Ihre Worte waren für Mikkel offensichtlich eine angenehme Überraschung. »Du willst mir wirklich helfen?«

Bree nickte.

»Warum denn das?«

»Wenn ich dir wirklich eine Hilfe bin, kannst du dann schneller nach Hause zurückkehren? Bin ich dann früher in Irland zurück?«

Auf einmal erlosch das Licht auf Mikkels Gesicht. Er wählte seine Worte mit Bedacht. »Vielleicht. Vielleicht auch nicht. Das kann ich nicht versprechen. Aber ich könnte deine Hilfe gebrauchen.«

»Okay. Du bekommst meine Hilfe.«

»Einfach so?«

»Einfach so.« Doch Bree bemerkte Mikkels verletzten Blick. Sie hatte das Geschenk, das sie ihm eigentlich hatte machen wollen, verdorben.

Erneut ließ Bree ihren Blick über den Fjord schweifen. Sie wollte nicht mehr daran denken, dass sie es bei jeder Gelegenheit fertigbrachte, Mikkel zu verletzen – gewollt oder ungewollt. Würde sie ihr tiefes Verlangen nach Rache dafür, dass er so in ihr Leben eingegriffen hatte, je überwinden können?

Doch Bree war nicht bereit, ihren letzten Tag mit Dev und Keely zu verderben, und schob ihre Gedanken über Mikkel beiseite. Ihre Schwester benötigte gute Erinnerungen – etwas, woran sie sich festhalten konnte, wenn es sie belastete, dass sie an Brees Stelle nach Hause gefahren war.

Bree rief ihrer Schwester zu: »Komm und sieh her!«

Als Keely zu ihr aufschloss, legte Bree ihrer Schwester den Arm um die Schultern und zeigte auf den am weitesten entfernten Wasserfall. »Weißt du noch, wie dir die Bäche von Irland gefallen haben? Wie du auf den Regen gehört hast? Wie du vom Geräusch des Wassers gesprochen hast, das unsere Berghänge herunterlief?«

»Wassermusik!«, rief Keely aus.

»Wenn du diese Musik wieder hörst, denk daran, dass ich mehr als alles andere wollte, dass du nach Irland zurückgehst – und wieder bei Vater und Mutter bist.«

Als Devin zu ihnen stieß, sprach Bree mit beiden. »Wenn ihr mich vermisst, denkt an diesen Ort. Denkt an diese Zeit, die wir gemeinsam verbracht haben.«

Mutiges Herz

Plötzlich hielt es Mikkel nicht mehr länger aus, und er entfernte sich schnell einige Schritte. Er wusste, dass er sonst nachgeben und Bree sagen würde, sie solle am nächsten Morgen mitfahren. Und das durfte er nicht. Er brauchte Bree, damit er in Zukunft erfolgreich war – damit seine Reisen sicher waren und seine Handelswaren verkauft wurden. Wenn er schon nicht als Plünderer reich werden konnte, wollte er wenigstens ein Händler werden.

Ich werde einer der großen Wikinger werden, versprach Mikkel sich selbst. Ein solcher Mann wurde in hohen Ehren gehalten. Er würde auch ein gewiefter Händler und der Kapitän eines Schiffs werden, das die stürmische See überquerte.

Etwas weiter hinten am Rand der Hochebene starrte Mikkel die Berge an und dachte darüber nach. Wie konnte er neue Märkte für Handelsgüter erschließen? Sowohl reich als auch berühmt werden? Konnte er an neue Orte segeln, die er noch nie gesehen hatte?

Am Rand der steil abfallenden Felswand blieb Mikkel stehen und ging in Gedanken all seine Optionen durch. *Ich muss ein Entdecker werden. Bestimmt gibt es keine bessere Strategie, um gleichzeitig reich und berühmt zu werden!*

Doch im letzten Sommer, als er die Fahrt nach Irland angeführt hatte, hatte Mikkel erfahren, wie schrecklich ein Sturm auf der Nordsee sein konnte. Als der Sturm am schlimmsten wütete, hatte Mikkel beinahe den Mut verloren. Welchen unbekannten Gefahren musste er sich auf einer Entdeckungsreise wohl stellen?

Mut. Das brauche ich. Ein mutiges Herz.

Während Mikkel darüber nachdachte, fiel ihm ein, dass er immer noch keinen Namen hatte für sein neues Schiff. *Strahlender Mut? Wagemut? Mutiges Herz?*

Der Name durfte nicht gleich allen verraten, was er wirklich erreichen wollte. Weder seinen Männern noch seinen Feinden konnte er dies verraten. Doch er benötigte einen Namen, der ihn an Mut erinnerte. Wie konnte er alle Schwierigkeiten überwinden? Alle Ängste hinter sich lassen?

Plötzlich fiel es ihm ein: »Eroberung.«

Mikkel sprach das Wort laut aus. Der Klang gefiel ihm. »Ich werde all meine Ängste überwinden und dabei reich und berühmt werden.«

Da fiel Mikkels Blick auf den Boden. In der Nähe, auf einer Felsfläche, bemerkte er eine Münze. Als er genauer hinschaute, glänzte die Oberfläche im Sonnenlicht.

Eine arabische Münze, dachte Mikkel. *Eine wertvolle Münze.*

Sie erschien ihm wie ein gutes Omen. Eine Erinnerung, dass sein Lieblingsgott Thor Bauern und

Seefahrern half. Thor, der Gott der physischen Stärke, von Blitz und Donner, Regen und gutem Wetter, verteidigte sowohl Götter als auch Menschen mit seinem mächtigen Hammer. Mikkel konnte sein eigenes Glück kaum fassen.

Wie kam diese Münze auf einen Berghang? Hatte sie irgendein anderer Wanderer hier zurückgelassen, der in Dublin gehandelt hatte? War sie aus einem offenen Sack Münzen gefallen?

Hier konnte er sich zwar mit einer arabischen Münze nichts kaufen. Der amtierende König, Olaf Tryggvason (*Trigvason* ausgesprochen), war der erste, der in Norwegen Münzen prägen lassen hatte. *Aber wenn ich diese Münze einschmelze oder sie auf meine nächste Reise nach Irland mitnehme …*

Als Mikkel nach weiteren Münzen Ausschau hielt, warf er einen Blick in Richtung Bree und Devin. Wenn er nicht in ihrer Nähe war, sprachen sie, als könnten sie ihre Worte nicht schnell genug herausbringen. Einen Augenblick lang wünschte sich Mikkel, er könnte Teil davon sein. Dann blickte er auf die Münze hinunter.

Erneut schielte er in Richtung Bree und Devin. *Es besteht keine Gefahr,* dachte Mikkel.

Er hob die Münze auf und steckte sie in ein geheimes Fach seiner Tunika. Er hatte bereits Pläne mit der Münze.

Dunkles Geheimnis

Am folgenden Morgen stand Devin am Ufer in der Nähe von Ingmars großem Handelsschiff. Es wurden immer noch Fässer und Tonnen die Rampe ins Schiff hinaufgerollt. Doch Devin wusste, dass seine Zeit mit Bree bald zu Ende war.

Devin hatte Angst vor jenem Moment. Nervös strich er sich mit der Hand durch seine struppig gewordenen schwarzen Haare. Nichts sollte seinem Blick entgehen. Und er musste Bree unbedingt noch etwas sagen.

Wie kann ich bloß ohne meine liebe Schwester nach Irland zurückgehen?

Dann trat Bree neben ihn auf den Kies. Mit kräftiger, doch leiser Stimme ergriff sie das Wort: »Es war nicht deine, sondern meine Entscheidung«, begann sie. »Ich will, dass das Lösegeld, das du für mich vorgesehen hattest, an Keely geht. Ich will, dass meine Freundin Lil nach Hause geht.«

Der Ausdruck in Brees braunen Augen sagte Devin, dass sie keine Argumente akzeptieren würde. Trotzdem versuchte er es.

»Ich kann dich nicht zurücklassen«, wandte er ein. »Das kann ich einfach nicht.«

»Du musst«, antwortete Bree ohne Zögern. »Du hattest vorher keine andere Wahl und auch jetzt hast du keine andere Wahl. Keely und Lil müssen nach

Hause. Wenn du mit Ingmar fährst, wird er euch alle sicher nach Irland bringen.«

Noch einen weiteren Augenblick lang blickte ihr Devin in die Augen. »Mikkel will, dass ich sein Geschichtenerzähler bin, und ich habe versprochen, sein Freund zu sein. Nach *einer* Schiffsreise wirst du freigelassen werden. Aber wir wissen beide, dass Mikkel keine Ruhe haben wird, solange er das Geheimnis, das er vor seinem Vater verbirgt, nicht in Ordnung bringt.«

»Allerdings.« Brees Stimme war nur noch ein Flüstern. »Wenn Mikkel von hier abreist, was denkst du, was er mit den gestohlenen Münzen tun wird?«

Devin zuckte mit den Schultern. »Keine Ahnung. Klar ist nur, dass er sie hier nicht benutzen kann.«

Ein ängstlicher Ausdruck trat auf Brees Gesicht und verschwand gleich wieder. »Alle, die auf Mikkels Schiff von Irland gekommen sind, wissen von den Edelsteinen, die er aus dem Kloster gestohlen hat.«

»Aber nicht von den Münzen, die er dem Freund seines Vaters gestohlen hat«, stellte Devin klar.

»Was, wenn einer dieser Männer …«

Bree erschauderte, und Devin wusste, dass es nichts mit der Frische des frühen Morgens zu tun hatte. Mikkels gestohlener Reichtum hatte bereits genug Probleme verursacht. Würde er möglicherweise weitere Schwierigkeiten bereiten?

Devin sprach hastig. »Was auch immer du tust, sieh zu, dass du Mikkel nicht verrätst, dass du von Björns Münzen weißt.«

»Aber was, wenn er mich so zur Weißglut treibt, dass ich zu viel sage?«

»Wenn du das tust, lässt er dich nie nach Irland zurückkehren.«

Bree starrte ihren Bruder an. »Falls ich einen Beutel Münzen finde, woran erkenne ich, dass es Björns Münzen sind?«

Devin blickte um sich und bemerkte, wie Mikkel auf sie zukam. Ohne nach unten zu schauen, bewegte Devin den Fuß und zeichnete dabei einen Bären von der Seite gesehen in den weichen Boden.

»Björn bedeutet Bär«, flüsterte er. »Das ist sein Zeichen im Leder. Ich hab's auf den Beuteln in Björns Laden gesehen.«

Sobald Bree seine Zeichnung gesehen hatte, löschte sie Devin wieder mit dem Fuß.

Als Keely zu ihnen stieß, öffnete Bree die Arme, um ihre jüngere Schwester zu umarmen. »Wenn ich dich das nächste Mal sehe, werden wir in Irland sein.« Brees Stimme war voller Hoffnung. »Wir werden uns ansehen und sagen: ›Wir sind *zu Hause*!‹«

Keely strahlte, als wüsste sie, dass es wahr war. Aber als sie versuchte zu sprechen, blieben ihr die Worte im Hals stecken. Grinsend zog Bree am langen Zopf, der ihrer Schwester über die Schulter hing. »Bis bald!«

Als ihre Freundin Lil näher kam, begrüßte Bree sie mit einem Lächeln. »Jetzt wird nicht geweint.«

»Du wirst mir fehlen.« Lils Stimme klang rau.

»Du mir auch. Wenn deine Reise nach Irland auf irgendeine Art und Weise schwierig oder gefährlich ist, vergiss nicht, dass unser Gott vor dir hergeht.«

Lils Lächeln war wie ein Regenbogen nach einem Sturm. »Ich werde meinem Cousin Tully sagen, dass du nach Hause kommst.«

Plötzlich konnte Bree die Tränen nicht mehr länger zurückhalten. Nachdem sie sich die Wangen abgewischt hatte, traten ihr erneut Tränen in die Augen. Schnell wandte Bree sich ab, doch in die unglücklichste Richtung. Mikkel stand da und beobachtete sie. Augenblicklich drehte sie sich zu Lil zurück.

Devin bemerkte den Schmerz in Brees Augen und kam näher, doch Bree sagte zu Lil: »Sag Tully ...«

Bree stockte. Als sie den Faden wieder aufnahm, zitterte ihre Stimme immer noch. »Sag Tully, dass ich mich freue, ihn wiederzusehen, wenn ich nach Hause komme.«

Lil stellte sich auf die Zehenspitzen, um Bree auf die Wange zu küssen. »Vergiss nie, dass Tully dich heiraten will.«

Bree nickte. »Ich weiß.« Erneut liefen ihr Tränen übers Gesicht.

Aha, dachte Devin. *Und ich habe immer gedacht, wir drei wären befreundet. Tully und ich und Bree. Naja, vielleicht sind wir das immer noch.* Doch innerlich änderte Devin die Reihenfolge. *Bree und Tully. Tully und Bree. Irgendwann.*

Die Sache gefiel Devin, doch dann warf er einen Blick auf Mikkel. Es bestand kein Zweifel, dass er

Lils Worte gehört hatte. Als Devin die Gewitterwolken in Mikkels Augen sah, ging er mit bestimmtem Schritt zu Mikkel und stellte sich vor ihn hin. »Behandle meine Schwester gut«, verlangte er.

Als Mikkel keine Antwort gab, schlug Devin einen Ton an, den Mikkel nicht ignorieren konnte. »Kümmere dich um Bree«, forderte Devin.

Zu seiner Überraschung streckte ihm Mikkel die Hand entgegen. Der Ärger war verschwunden, und er blickte Devin direkt in die Augen.

»Du hast mein Wort. Ich verspreche es.«

Einen Augenblick zögerte Devin, die Arme in die Seite gestemmt. Er stand da und blickte Mikkel prüfend ins Gesicht. »Ich kann dir vertrauen?«, hakte er nach.

»Du kannst mir vertrauen«, versicherte Mikkel. »Und du kommst zurück?«

»Ich habe es fest vor.«

Wie wenn ihm plötzlich etwas eingefallen wäre, langte Mikkel mit der Hand in seine Tunika und zog eine Münze hervor. Mikkel beobachtete Devins Gesicht, als er ihm die Münze hinhielt.

»Die gehört mir nicht«, erklärte Mikkel. »Ist es zufällig deine?«

Devin nickte – und schluckte den Kloß in seinem Hals herunter. Es war ihm schwergefallen, seine letzte Münze von Björn hoch oben auf dem Berg auf den Boden zu werfen. *Dann hat Mikkel alle Prüfungen bestanden, die Bree und ich uns ausgedacht haben. Aber wie lange wird seine Großzügigkeit anhalten?*

Sosehr er es auch hoffen wollte – es fiel Devin schwer zu glauben, dass sich Mikkel wirklich zum Besseren verändern konnte. Als Mikkel ihm erneut die Hand darbot, schlug Devin ein und umschloss Mikkels Hand dann mit seiner anderen Hand. »Wenn ich zurückkomme, treffe ich dein Schiff bei der Siedlung, die von sieben Bergen umgeben ist.«

Ohne ein weiteres Wort entfernte sich Mikkel schnell. Etwas weiter oben am Hang blieb er stehen, als wollte er sich von all den Verabschiedungen fernhalten.

Einen Augenblick länger schaute Devin Brees Gesicht eingehend an und prägte sich ihr Aussehen ein. Vater und Mutter, Adam, Cara und Jen würden jede Kleinigkeit wissen wollen. Doch das war nicht alles. Weder Devin noch Bree konnten sicher sein, dass sie einander je wiedersehen würden.

»Denk dran«, sagte sie, »ich habe dir gesagt, dass du nicht zurückkommen sollst. Es ist zu gefährlich.«

»Aber du musst immer noch irgendwie nach Hause kommen«, wandte Devin leise ein.

»Das schaffe ich schon irgendwie. Wenn Vater und Mutter dir sagen, du sollst nicht kommen, musst du gehorchen.«

Devin wusste, dass das stimmte, doch er konnte innerlich nur ausrufen: *Das dürfen sie nicht von mir verlangen!*

Als verstände sie, wie schwer das sein würde, blickte ihn Bree ernst wie eine Lehrerin in der Schule an. Dann gewann jedoch ihr altes Lachen die Oberhand. Bei dem guten irischen Klang grinste Devin zurück.

Ingmar war nun bereit – sein Schiff war fertig beladen, und seine Männer warteten. Als Ingmar Devin rief, bückte sich Bree, um einen kleinen Stein vom Ufer aufzuheben. »Mut zum Sieg, Dev«, sagte sie, als sie ihm den Stein übergab. Doch trotz ihres Lächelns waren Brees Augen tränenerfüllt.

Für Devin war es das Schlimmste, Bree lächeln zu sehen. »Mut zum Sieg, Bree«, sagte er und gab ihr eine schnelle brüderliche Umarmung.

Dann wandte er sich gleich ab, nahm seine Bündel mit Esswaren und Kleidern auf und führte Keely und Lil zum Schiff, ohne nochmals zurückzuschauen.

Sobald sie den Fuß auf das stolze Handelsschiff gesetzt hatten, wurde die Rampe hochgezogen. Als die Wikinger den steinernen Anker lichteten, begleitete Devin Keely und Lil zum Heck. Dort standen sie und blickten zurück, während die Ruder ins Wasser tauchten und sich das Schiff langsam entfernte. Doch Devin hatte nur eine Person im Blick.

Bree stand mit gestrafften Schultern aufrecht am Ufer des tiefblauen Wassers. Als die Entfernung zwischen Bree und dem Schiff wuchs, wurde Bree kleiner. Auf einmal hob sie den rechten Arm und zeigte zum Himmel.

Kurz darauf fuhr das Schiff um eine Krümmung im Fjord und Devin sah Bree nicht mehr.

Brees neuer Plan

Sobald Ingmars Schiff außer Sicht war, wandte sich Bree ab. Wortlos ging sie auf den steilen Berghang auf der einen Seite des Bauernhauses zu. So schnell sie konnte, ging Bree den schmalen Pfad zu ihrer Lieblingshöhle zwischen den Felsen hinauf. Erst als sie von niemandem mehr gesehen werden konnte, ließ sie ihren Tränen freien Lauf.

Als Bree schließlich aufhörte zu weinen, hasste sie sich selbst. *Die große ältere Schwester, die allen anderen hilft,* dachte sie, als sie an ihren Abschied von Keely und Lil zurückdachte. Sogar mit Dev hatte sie beinahe die Rollen in ihrer Bruder-Schwester-Beziehung getauscht. Obwohl er immer auf sie aufgepasst hatte, hatte sie ihr Bestes gegeben, um ihn davon zu überzeugen, dass es ihr schon gut gehen würde. Doch nun verspürte Bree völlige Hoffnungslosigkeit.

Wo auch immer sie hinschaute, erblickte Bree nur drei Gesichter – Dev, Keely und Lil. Immer wieder verabschiedete sie sich in Gedanken erneut von ihnen. Bei jedem schmerzhaften Stich fragte sie sich, ob sie das Richtige getan hatte, als sie ihre Chance, nach Irland zurückzukehren, aufgab. *Doch welche andere Wahl hatte ich?*

Keely und Lil mussten nach Hause. Bree wurde von der Einsamkeit, die sie nun verspürte, beinahe zerrissen. Niemand, besonders Mikkel nicht, sollte wissen, wie sehr sie das innerlich schmerzte. Doch Bree war sich ihrer Schwachheiten bewusst. Allzu oft rutschte ihr genau das heraus, was sie dachte.

Schon bald würden Mikkel und seine neue Besatzung große Entfernungen zurücklegen. Die Küste von Norwegen hinauf nach Nidaros, wo der König lebte. Dann bis nach Island und zurück. Der Weg auf der offenen See war tückisch, und Gefahren lauerten auch nur dann schon, wenn Leute zusammenarbeiteten. Missgunst oder Neid zwischen ihnen konnte unterwegs zu Zwischenfällen führen.

Beim Gedanken daran, was alles geschehen konnte, wurde Bree starr vor Schreck. Dann, mit tränenverschwommenem Blick, erinnerte sich Bree an Worte, die sie vor langer Zeit einmal auswendig gelernt hatte: *Fürchte dich nicht, denn ich habe dich erlöst …*

Bree saß da, überwältigt. *Ich habe zwei andere ausgelöst, damit sie nach Hause gehen konnten. Doch Jesus hat mich freigekauft! Er hat den Preis bezahlt und mich befreit!*

Überwältigt von der wunderbaren Verheißung, die sie so dringend benötigte, blickte Bree auf den Fjord. Sie war von der Schönheit des Wassers und des Himmels umgeben. Und die leise Stimme, die Bree bekannt war, fuhr fort: *Ich habe dich bei deinem Namen gerufen …*

Kurz nachdem sie von den Wikingern geraubt worden war, hatte Bree gespürt, dass Gott zu ihrem

Herzen sprach und sie dazu berief, ein Licht der Nationen zu sein. Seitdem hatte sich Bree oft gefragt, was diese Berufung Gottes bedeutete.

Nun, so klar, als habe es jemand laut ausgesprochen, hörte sie den Rest seiner Verheißung: *Ich habe dich bei deinem Namen gerufen, du bist mein.*

Bree neigte den Kopf, stützte ihr Gesicht auf einem großen Felsen ab und begann zu beten.

Wenn du durchs Wasser gehst, ich bin bei dir, und durch Ströme, sie werden dich nicht überfluten.

Bree atmete tief ein. Sie verspürte seinen Frieden. *Denn ich bin der HERR, dein Gott, ich, der Heilige Israels.*

Als Bree aufstand, wusste sie, was zu tun war. Sie ging zum Fjord hinunter und benetzte sich das Gesicht mit kaltem Wasser. Sie kniff sich in die Wangen und versuchte, ihre vergossenen Tränen zu verbergen. Als sie zum Bauernhaus zurückging, ging sie aufrecht. Obwohl sie aussah wie ein Krieger, der in die Schlacht zog, lag ein Lächeln auf ihren Lippen.

In all den Monaten, in denen sie als Silberschmiedin für Mikkel gearbeitet hatte, hatte sie keinerlei Hinweise gefunden, die sie zu Mikkels Schatz geführt hätten. Doch Devin hatte ihr geraten, dass sie weiterhin nach Björns Münzen Ausschau halten sollte. Und das würde sie ab jetzt tun.

Kurz darauf näherte sich Bree dem langen Schuppen am Fjord. Dort hatte Mikkel sein neues Langschiff gebaut. Nun hörte sie ihn pfeifen.

Er pfeift.

Wut kam in Bree hoch, als sie ihn so hörte.

Er pfeift und ich habe mir die Augen ausgeheult? Ist es Mikkel eigentlich egal, was ich eben erlebt habe?

Einen Augenblick lang stand Bree vor dem Schuppen und wollte Mikkel heimzahlen, was er ihr angetan hatte. Doch dann erinnerte sie sich an die Worte, die sie getröstet hatten. *Ich habe dich bei deinem Namen gerufen, du bist mein.*

Bree seufzte. Manchmal machte es keinen großen Spaß, beim Namen gerufen zu werden. *Gut, Gott,* antwortete Bree in Gedanken. *Ich gebe mein Bestes, Mikkel anständig zu behandeln. Nicht freundlich. Gerade noch höflich. Anständig.*

Als sie das Bootshaus betrat, sah Bree Mikkels beinahe fertiggestelltes Schiff auf Trägern. Holzspäne lagen auf dem Boden verstreut und Werkzeuge waren in Gestellen einsortiert.

Mikkel saß auf einem hohen Schemel an seinem Werktisch. Lange, schmale Holzleisten, sogenannte Dauben, lagen vor ihm. Wenn er sie zusammenfügte, griffen sie ineinander und formten ein wasserdichtes Fass, eine Tonne oder einen Bottich.

Als Mikkel Bree bemerkte, schreckte er auf. Nach einer schnellen Handbewegung grinste er, doch Bree ließ sich nicht täuschen.

Er verbirgt irgendetwas, sagte sie sich. Sie tat, als hätte sie nichts gemerkt, und kam näher heran. Wie zufällig legte Mikkel mehr Dauben auf das, was er verstecken wollte. Bree hingegen gab sich neugierig bezüglich eines Ruders, das auf dem Werktisch lag.

Der Schaft war lang und stabil und das Ruderblatt sorgfältig geformt. An dem Ende, wo ein Ruderer den Schaft ergriff, war er gewölbt. Bree fuhr mit der Hand über die Ausbuchtung und fragte: »Was ist das?«

Mikkel wirkte erleichtert, dass sie sich dafür und nicht für das, was er soeben versteckt hatte, interessierte. Er nahm das Ruder zu seinem Schiff hinüber. In der Nähe der Brüstung befanden sich auf beiden Seiten mehrere horizontale Schlitze. Mikkel ließ das Ruderblatt durch eine Öffnung nach außen gleiten. Das Blatt passte gut durch die Schlitze, doch die Ausbuchtung im Schaft verhinderte, dass das Ruder zu weit nach unten glitt.

Bree war sofort klar, wozu das gut war. »Damit ihr kein Ruder im Wasser verliert.«

Mikkel grinste. »Wir Wikinger wissen eben, wie man ein Schiff baut.« Stolz schwang in seiner Stimme mit und war auch noch auf seinem Gesicht zu lesen, als er sich wieder seiner Werkbank zuwandte.

Mikkel setzte sich auf seinen Hocker, nahm seine Axt zur Hand und begann an einer Daube zu arbeiten, die bald fertig war. Doch nun fiel Bree der Drachenkopf auf, der den Bug des Schiffes zieren würde. Der grimmig dreinblickende Kopf brachte sie aus der Fassung.

Als wäre es gestern gewesen, erinnerte sich Bree daran, wie ein Drachenkopf über ihr hochgeragt war, als sie von Irland davongesegelt war. Im Licht der untergehenden Sonne erschien der große Kopf rot. Wie eine riesige Schlange erhob er sich mit geöffnetem Maul, dunkel und furchterregend.

»Als ich auf deinem Schiff hierherkam, hatte ich Angst vor deinem Drachen«, sagte Bree.

»Gut.« Mikkel grinste. »Genau das habe ich bezweckt. Ein Drache muss so grimmig dreinschauen, dass er böse Geister verscheucht.«

Bree starrte ihn zornig an. »Wenn du meinst, dieser doofe Kopf werde dich beschützen, irrst du dich!«

Plötzlich rutschte Mikkel mit der Axt aus. Das Ergebnis war eine tiefe Kerbe in dem Stück Holz, an dem er arbeitete. »Sieh, was du da angerichtet hast!«

»Das habe nicht *ich* gemacht! Du kannst nicht mir die Schuld dafür geben.«

»Du kommst hier rein und redest. Du stellst die ganze Zeit Fragen!«

Doch Bree war auch wütend. Außerdem brachte sie Mikkels Glaube durcheinander. Würde er je verstehen, dass Gott ihm helfen wollte?

Dann hatte Bree plötzlich das starke Gefühl, dass es einen Grund gab, warum sie genau jetzt hierhergekommen war. Hatte es mit dem zu tun, was Mikkel verstecken wollte?

»Es tut mir leid«, sagte sie, überrascht von ihrer eigenen Entschuldigung. »Kannst du die Daube immer noch gebrauchen?«

Mikkel zuckte mit den Schultern. Er wollte offensichtlich, dass sie sich aus dem Staub machte. Als Bree zur Tür ging, dachte sie an die vor ihnen liegende Reise. Wenn sie wieder Feinde waren, wäre jede einzelne Etappe schwieriger.

Sie drehte sich um und sagte: »Mikkel, was ich auf dem Berg gesagt habe, war mir ernst. Ich will dir wirklich helfen. Ich werde hart dafür arbeiten, dass deine Reise ein Erfolg wird.«

»Ich weiß. Damit du schneller nach Hause kannst.« Mikkel blickte nicht auf.

◆ ◆ ◆

Vor Ingmars Abreise hatten die Fischer-Bauern ihre Saat ausgesät und ihre Tiere über den Fjord gebracht. Die Kühe und ihre Kälber sowie die Ziegen kauten genüsslich das Gras am Fuß des Berges. Bald würde man sie auf die Sommerweide hinaufbringen.

Vor einiger Zeit hatten Männer Bäume gefällt, die Rinde geschält und sie trocknen lassen. Nun trugen die Männer die Holzstämme ans Ufer. Jeden Tag hängten die Fischer ihren Fischfang an Holzgestelle zum Trocknen, und Frauen und Mädchen backten Fladenbrot für die bevorstehende Reise. Bree und Rika stellten das riesige Segel für Mikkels neues Schiff fertig.

Faden für Faden, Reihe für Reihe hatten sie Stücke jenes Segels gewoben und diese danach zusammengenäht. Nachdem Bree den letzten Stich gemacht hatte, fuhr sie mit der Hand über den Stoff, an dem sie den ganzen Winter über gearbeitet hatten. Da das Garn aus ungewaschener Wolle von Langhaarschafen gemacht wurde, enthielt es Lanolin, welches half, dass das Segel wasserdicht wurde.

Bevor sie Mikkel das Segel übergab, prüfte Rika gewissenhaft jede Naht. Sie wollte nicht, dass sich auch nur ein Stich lösen konnte und eine Schwachstelle im Segel darstellen würde, wenn die kräftigen Winde es aufblähten.

An dem Tag, an dem das Schiff zu Wasser gelassen werden sollte, schien es, als hätten sich alle Leute der ganzen Umgebung beim langen Schuppen am Fjord versammelt. Einige Männer stiegen ins Schiff und standen am Heck. Als das Schiffsvorderteil sich vom Boden hob, legten weitere Männer ein bis zwei Meter lange Stämme bereit. Die Holzstämme waren geschält und lagen parallel im Abstand von etwa einem Meter zueinander.

Das Schiffsvorderteil senkte sich wieder und die Holzstücke wurden zur Rollbahn. Am Heck schoben Männer den Rumpf an, worauf das Schiff ins Wasser glitt. Einen Augenblick lang schwankte der Schiffsrumpf, doch dann kam er wie gewünscht im Wasser zu liegen.

Mikkel strahlte über das ganze Gesicht, als ob die Sonne zwischen den Wolken hervorleuchtete. Mit hocherhobenen Armen stieß Mikkel einen triumphierenden Schrei aus. Mikkel watete durchs Wasser, erreichte das Schiff, hielt sich an der Seite fest und schwang sich an Bord.

Gemeinsam mit anderen Männern stellte er den Mast auf. Als seine Männer das riesige Segel aus dem Schuppen brachten, stand Mikkels Mutter Rika neben ihnen am Ufer. Sie hatte bereits einen Sohn ans Meer verloren, aber keine Spur dieser Sorge war auf ihrem Gesicht bemerkbar. Stattdessen übergab Rika Mikkel das neue Segel stolz und feierlich.

Mit einer respektvollen Verbeugung nahm Mikkel das Segel von seiner Mutter entgegen, lächelte und bedankte sich. Zuerst ließ Mikkel das Segel langsam steigen, wie um zu zeigen, wie prächtig es war. Doch dann spannte er es mit einem kräftigen Ruck ganz auf.

Mikkel trat einen Schritt zurück und blickte nach oben. Als das Segel von einer leichten Brise erfasst wurde, blähte es sich auf. Es sah wunderschön aus.

Erst starrte Mikkel das Schiff an, als könnte er fast nicht glauben, dass es wirklich ihm gehörte. Dann ging er zum Mast und strich mit der Hand über die hohe, kräftige Stange. Als er sich den Leuten am Ufer zuwandte, leuchtete sein Gesicht aufgeregt.

»Wie wirst du es nennen?«, fragte ein Mann in der Menge.

Mikkel grinste. »Unser König hat eines seiner Schiffe *Kurze Schlange* genannt. Und nun ist seine mächtige *Lange Schlange* das größte Schiff in unserem Land.«

Mikkel stützte die Hand auf der glatten Oberfläche der Reling ab. »Ich nenne dieses Schiff *Eroberung,* denn wir werden den Sieg der Meere kennenlernen!«

Ein Besatzungsmitglied, das in seiner Nähe stand, grinste zustimmend. Als Mikkel seine Arme erhob, ging ein Ruf los.

»*Eroberung!*« Ein Mann am Ufer rief den Namen aus und die Menge erwiderte ihn im Echo.

»*Eroberung!*«, rief Mikkel erneut. »Erfolg haben. Überwinden. Siegen. Ihr werdet sehen!«

Doch Bree wandte sich ab, da sie nicht wollte, dass jemand ihr Gesicht sah. Würde dieses Schiff, das Mikkel so stolz machte, im Krieg benutzt werden? Oder noch schlimmer, für Raubzüge auf wehrlose Menschen? Oder würde es ihm wirklich dabei helfen, die Gefahren zu überwinden, denen er an allen Fronten ausgesetzt sein würde? Die Einsamkeit war in Brees Herz zurückgekehrt, und sie wollte nicht, dass es irgendjemand bemerkte.

Nun, da Mikkels Schiff zu Wasser gelassen worden war, begannen Männer, die *Eroberung* und Sigurds Schiff, den *Seevogel,* zu beladen. Baumstämme wurden auf beiden Seiten des Masts gestapelt, angebunden und festgezurrt. Mikkel behielt alles im Blick, was an Bord kam, um sicherzustellen, dass die Ladung gleichmäßig verteilt wurde.

Als der trockene Fisch bereit war, von den Leinen genommen zu werden, zeigte Rika Bree, wie man ihn in Holzfässer packte. Das trockene, knusprige Fladenbrot war bereits in luftdichten Kisten verstaut.

Am nächsten Morgen gab Rika Bree eine neue Seekiste, die sie für sich benutzen konnte. Rikas Freundlichkeit überraschte Bree. Sie war nur mit den Kleidern an ihrem Leib und der Tasche mit Vorräten, die ihr ihre irische Freundin Nola gegeben hatte, nach Aurland gekommen.

An jenem Nachmittag trafen nach und nach immer mehr Männer von weiter entfernten und nahe gelegenen Bauernhäusern ein, von den Bergen und aus den Tälern. In der Menschenmenge um das Schiff bemerkte Bree einen Mann, der ihr bekannt vorkam. Wie andere trug auch er eine Seekiste, die er im Vorderteil des Schiffs deponierte.

Er war durchschnittlich groß, hatte Hände wie Hämmer, breite Schultern und muskulöse Arme. Bree schloss daraus, dass er harte Arbeit gewohnt war. Obwohl er stark aussah, bewegte er sich rasch und geräuschlos wie eine Katze.

Einen Augenblick lang starrte Bree ihn an. Warum hatte sie das Gefühl, ihn zu kennen?

Die Männer um Bree herum waren so beschäftigt, dass sie ihnen nur noch aus dem Weg gehen wollte. Als sie die Holzrampe zwischen dem Schiff und dem Ufer hinuntergehen wollte, begegnete sie demselben Mann mit den breiten Schultern. Wie war es ihm bloß gelungen, vor ihr ans Ufer zu gelangen?

Dann vergaß Bree ihre Frage. Direkt vor ihr stand ihre irische Freundin Nola. Bree hatte sie seit ihrer Ankunft in Aurland nicht mehr gesehen.

»Kommst du mit?«, fragte Bree und umarmte sie stürmisch.

Nola, die auch eine Gefangene der Wikinger war, hatte Bree geholfen, wie sie nur konnte. Nola hatte dieselben schwarzen Haare und blauen Augen wie Devin und kümmerte sich immer rührend um andere. Doch nun wirkte sie noch sanfter. »Ich habe geheiratet«, erklärte sie.

Bree freute sich für sie. »Einen Iren?«

Nola lächelte. »Einen Norweger.«

»Du hast einen Nordländer geheiratet?« Bree konnte sich nichts Schlimmeres vorstellen. »Wirklich? Wie konnte eine gute irische Frau wie du je einen Mann aus dem Norden heiraten?«

Sofort nachdem die Worte über ihre Lippen gegangen waren, hielt sich Bree mit den Händen den Mund zu. »Oh, es tut mir leid.«

Aber Nola lachte. Sie streckte den Arm aus und zog einen der Männer herbei. »Das ist mein Mann Garth.«

Als Nola ihn heranzog, blickte Bree in das Gesicht des Mannes, der ihr eben aufgefallen war. Er trug gerade zwei Seekisten, eine auf jeder Schulter.

Auf einmal fiel Bree ein, warum er ihr bekannt vorkam. »Ihr lebt hoch oben am Berg«, sagte sie.

»Garth meinte, ich wäre eine bessere Frau als eine Sklavin«, erklärte Nola. Sie legte ihre Hand kurz auf seinen muskulösen Arm. Als Garth verlegen errötete, ließ sie los. Trotzdem entging Bree das Leuchten in Garths Augen nicht, wenn er Nola betrachtete.

An jenem Abend schliefen diejenigen, die weiter entfernt lebten, auf einem der Schiffe oder in Zelten am Ufer. Bree arbeitete bis spät in den Abend, um allen getrockneten Fisch zu verpacken. Als sie schließlich den letzten Deckel aufsetzte, war es bereits dunkel. Bree hob das Fass hoch und ging zu Mikkels Schiff.

Auf dem Weg zum Ufer bemerkte sie, dass die Anzahl der Zelte zugenommen hatte. Zum ersten Mal seit mehreren Tagen war nun Ruhe eingekehrt. Leise eilte Bree auf die *Eroberung* und suchte eine freie Stelle im hinteren Bereich des Schiffs. Dort setzte Bree das Fass ab.

Gerade als sie wieder gehen wollte, bemerkte sie einen Schatten, der dunkler als die Nacht war. Plötzlich bewegte er sich. Bree gefror das Blut in den Adern. Es bestand kein Zweifel. Jemand suchte etwas bei den Fässern und Tonnen im Vorderteil des Langschiffs. Wer schlich auf dem Schiff herum, während alle anderen schliefen?

Ohne zu überlegen, ging Bree in jene Richtung. Doch dann zögerte sie auf einmal, als wäre sie gewarnt worden. Was könnte gefährlicher sein, als eine Person zu überraschen, die nicht dort sein sollte?

Mit klopfendem Herzen ließ sich Bree auf die Knie fallen. Sie versteckte sich hinter den Fässern und lauschte. Als alles ruhig blieb, kroch sie langsam auf Händen und Knien vorwärts. Sie hatte beinahe die Rampe, die vom Schiff hinunterführte, erreicht, als sie einen leisen, dumpfen Schlag hörte. Das Geräusch eines Fasses oder einer Tonne, die bewegt wurde.

Ein heimliches Geräusch, dachte Bree. *Jemand, der nicht gesehen werden will. Was geht hier vor sich?*

Dublin

Als Ingmars stolzes Handelsschiff in die Norwegische See stach, blies ein günstiger Wind. Sogar in der Nordsee, die wegen ihrer Stürme berüchtigt war, kam das Schiff gut Richtung Südwesten voran. Während sie zwischen den Hebriden hindurchsegelten, hielt Devin nach Anhaltspunkten Ausschau.

Mit jedem Tag, der verstrich, wurde er aufgeregter. Tief in seinem Herzen hatte Devin die ganze Zeit einen Schmerz darüber verspürt, dass er Bree zurückgelassen hatte. Doch als der Wind das große quadratische Segel wölbte, blickte Devin Keely und Lil an und malte sich aus, wie es sein würde, sie nach Hause zu bringen.

Ob Devin den Nordländern bei den Schiffsarbeiten half oder an der Seite des Schiffs stand – immer hielt er nach Orten Ausschau, die er erkannte. Eine Woche, nachdem sie den Aurlandsfjord verlassen hatten, erhaschten Devin, Keely und Lil einen ersten Blick auf die weißen Klippen von Rathlin Island.

Kurz darauf konnte Devin das hohe Kliff namens Fair Head ausmachen. Von dort segelte das Schiff die Ostküste von Irland hinunter. Da, wo sich die Ausläufer der Mourne Mountains bis in die See hinunterzogen, erzählte Devin den Mädchen, wie er Wasser aus den Senken in den sechseckigen Steinen getrunken hatte, die wie Säulen an der Nordküste standen.

Eines Morgens, als Ingmar näher an Land segelte, kam er und stand neben Devin an der Reling. Auf ihrer ersten gemeinsamen Fahrt hatte Devin die Kraft und den Mut dieses jungen Mannes, der nur vier oder fünf Jahre älter war als er selbst, zu schätzen gelernt. Ingmar hatte blaue Augen und ein sonnengebräuntes Gesicht. Nun sprach er mit leiser Stimme, sodass nur Devin es hören konnte.

»Was wirst du wegen Bree unternehmen?«, fragte er.

»Zu ihr zurückgehen.« Devins Worte kamen wie aus der Pistole geschossen. Er dachte kaum an etwas anderes.

»Ist dir klar, wie gefährlich das ist? Sie könnten dich wieder gefangen nehmen.«

»Ich weiß.« Devin hatte keine Zweifel, dass es ein großes Risiko war.

»Warum ziehst du es dann in Betracht, zurückzugehen? Was, wenn ich nicht da bin, um dir zu helfen?«

»Ich gehe zurück, weil ich muss. Bree ist meine Schwester.«

»Aber wem vertraust du?«

»Mikkels Vater Sigurd. Mikkels Mutter Rika.«

Ingmar nickte. »Ja, sie sind vertrauenswürdig. Aber Mikkel? Denkst du auch an Mikkel?«

»Ja«, antwortete Devin. »Ich werde Mikkel nie vergessen.«

Dabei kam eine tief sitzende Wut in Devin hoch. Gleichzeitig wurde ihm Brees ständiger Kampf zu vergeben bewusst. So schwer es ihm auch fiel, Devin wusste, dass er seine Wut ablegen musste.

»Mikkel hat versprochen, dass er Bree die Freiheit schenkt, wenn Bree und ich ihn auf einer Schiffsreise begleitet haben.«

Ingmar blickte überrascht. »Und das glaubst du ihm? Wenn Mikkel dich schlecht behandelt, wird er es vor seinem Vater verbergen. Du vertraust Mikkel doch nicht etwa?«

Devin grinste. »Nur mit offenen Augen. Und beide Augen auf Mikkel gerichtet.«

Ingmar seufzte. »Das gefällt mir nicht. Ich wünschte, du würdest nicht zurückkehren. Aber eben, es geht um Bree.«

Erneut verspürte Devin den Schmerz der Situation. »Es geht immer noch um Bree.«

»Ja.« Ingmar ließ den Blick über das Meer schweifen. »Sie ist die Art Frau, die ein junger Mann zu heiraten wünscht.«

Überrascht versuchte Devin Ingmars Augen zu sehen, doch er hatte sein Gesicht abgewandt. Als Brees Bruder hatte Devin nie darüber nachgedacht, welchen Eindruck sie auf einen jungen Mann wie Ingmar machte. Normalerweise nahm Devin nicht einmal wahr, dass sie sich zu einer hübschen jungen Frau entwickelte. Erst als Lil von Tully gesprochen hatte, hatte Devin darüber nachgedacht, dass seine Schwester einmal heiraten würde.

Tully und Bree. Devin probierte erneut aus, wie das klang. *Tully und Bree verheiratet – das wäre gut.*

Aber noch nicht jetzt, sagte Devin sich selbst. *Bree ist noch Jahre davon entfernt zu heiraten.*

Mit nachdenklichem Gesicht blickte Ingmar aufs Meer. *Bree und Ingmar.* Der Gedanke kam, bevor ihn Devin verwerfen konnte. *Ingmar und Bree. Nein!*

Sosehr Devin den freundlichen Befehlshaber des Handelsschiffs auch respektierte, sosehr Devin seinen Schutz genoss …

Bree muss einen Iren heiraten. Niemand anderen, egal wie gut der Mann ist. Bree muss nach Hause kommen und für den Rest ihres Lebens in der Nähe unserer Familie wohnen.

Ingmar wandte sich um und blickte Devin erneut an. »Es gefällt mir nicht. Dass du zurückfährst, meine ich. Aber wenn du dich dazu entschließt, wegen Bree zurückzukehren, komm heute in vierzehn Tagen zu meinem Schiff. Wenn du später kommst, muss ich ohne dich losfahren.«

Dort, wo die Gezeiten der Irischen See auf die Wasser des Flusses Liffey trafen, fragte Ingmar unvermittelt: »Devin, du zeigst einen Mut, den ich nicht verstehe. Wem vertraust du wirklich?«

Aaah. Ingmars Frage ließ Devin aufleben. Während dieser Nordländer, dieser Mann des Nordens, Irland ansteuerte, erklärte es ihm Devin. Als er geschlossen hatte, wollte Ingmar wissen: »Und Bree? Glaubt sie auf dieselbe Art?«

Erneut verursachte Ingmars Interesse an Bree einen Stich in Devins Herz. Aber als er sprach, war seine Stimme fest. »Bree glaubt auf dieselbe Art. Unsere ganze Familie glaubt an den christlichen Gott, Jesus.«

Weiter den Fluss hinauf kam das Schiff zu dem hohen Uferdamm, der die Stadt Dublin wie einen Kreis umgab. Der Name der ersten echten Stadt in Irland, *Dubhlinn*, bedeutete »schwarzer Teich«, nach der dunklen Farbe des Liffey. Der Fluss war tatsächlich dunkel, doch nun, im ersten morgendlichen Sonnenlicht, spiegelten sich die Gebäude, die das Flussufer säumten, im Wasser.

Dublin war ein unabhängiges nordisches Königreich – ein Handelszentrum, das von Wikingern vom Nordatlantik gegründet worden war. Devins Vater kam hierher, um Handel zu treiben. So hatten Bree und Devin die nordische Sprache von ihrem Vater gelernt.

Oben auf dem hohen Uferdamm um Dublin bot ein hoher Zaun aus aufrechten Holzbalken zusätzlichen Schutz. Als sich Ingmars Schiff dem Ufer näherte, nahmen seine Männer die Ruder auf und lenkten das Schiff zum Anlegeplatz. Andere sprangen über den Rand des Schiffes und befestigten es.

Devin ging als Erster vom Schiff. Sobald Keely irischen Boden unter den Füßen hatte, ließ sie sich auf die Knie fallen und küsste den Boden. Als Lil ihrem Beispiel folgte, schämte sich Devin.

Er sah sich um, in der Hoffnung, dass die Schiffsbesatzung zu beschäftigt war, um es zu bemerken. Doch Ingmar hielt in seiner Arbeit inne und schaute zu.

»Tausend Dank!«, rief Devin ihm zu. »Ich kann dir nicht genug danken, dass du uns nach Hause gebracht hast.«

Aber Ingmar zeigte Verständnis. »Wenn Bree nach Irland zurückkommt, wird sie auch das Land küssen. Wenn ich nach Hause komme, bleibe ich stehen, aber ich stehe auch gern auf eigenem Grund und Boden.«

Als sich Keely und Lil von Ingmar verabschiedeten, nahm er ihren Dank entgegen. Dann warnte er Devin erneut: »Sieh zu, dass du in vierzehn Tagen hier bist. Keinen Moment später, sonst verpasst du mein Schiff.«

»Ich komme zurück«, sagte Devin mit so viel Überzeugung, wie er nur aufbringen konnte. »Ich muss Mikkel treffen und mein Versprechen einhalten.«

»Wenn du nicht hier bist, weiß ich, dass du und deine Familie euch anders entschieden habt.«

Ein Schmerz legte sich wie ein enges Band um Devins Brust und schnürte ihm die Kehle zu. »Ich muss zurückgehen«, wiederholte er. »Wegen Bree. Ich muss einfach zurückgehen.«

Ingmars blickte ihm ernst in die Augen. »Leb wohl, mein Freund. Ich werde lernen, zu eurem Gott zu beten. Ihn zu bitten, dich und Bree zu beschützen.«

Mit einem Bündel auf dem Rücken und zwei weiteren Bündeln unter dem Arm ging Devin vor Keely und Lil her. Breite Holzplanken lagen in der Nähe des Schiffs am Ufer. Sie waren so angeordnet, dass sie über den vom Gezeitenstrom matschigen Boden einen Pfad bildeten.

Zu Devins Überraschung konnte er sich an den Weg erinnern, als hätte er Dublin erst gestern verlassen. Wo das Gelände steil anstieg, führten Treppenstufen zu einer Öffnung in der Stadtmauer. Devin nahm zuerst den breiten Weg vor ihm und bog dann auf eine schmalere Straße ab.

Fischer, die gerade von ihrem morgendlichen Fischzug zurückgekehrt waren, riefen: »Fisch zu verkaufen! Fisch zu verkaufen!« Zwischen rumpelnden Fuhrwerken und kreischenden Hühnern bahnten sie sich einen Weg und gingen die Straße auf und ab. Wie zuvor war Devin überwältigt vom Lärm und den Leuten und sehnte sich nach Hause.

Doch erst musste er seinen norwegischen Freund Björn aufsuchen. Eine Straße nach der anderen kam Devin an Häusern mit Strohdächern vorbei, die seltsam irisch anmuteten, jedoch von Nordländern gebaut worden waren. Und dann war er bereits an der Tür des Schusterladens.

»Devin!«, rief Björn aus, sobald er ihn sah. »Tritt ein, mein Freund.« Er legte seinen Schusterhammer beiseite und trat hinter der Werkbank hervor, wo er seine Schuhe herstellte. »Du bist zurück! Und ist alles in Ordnung?«

Devin grinste. »Beinahe in Ordnung.«

Björn warf einen Blick hinter Devin. Keely stand hinter Devin. »Das ist Bree?«

Devin schüttelte den Kopf. »Das ist Keely, meine jüngere Schwester, die vor sieben Sommern von den Wikingern geraubt worden ist.«

»Wirklich!« Björn blickte ihr in die Augen. »Willkommen zu Hause, Keely«, sagte Björn sanft. »Willkommen in Dublin – auf gutem irischen Grund und Boden, auch wenn wir Nordländer darauf treten.«

Als ein schüchternes Lächeln auf Keelys Gesicht erschien, fuhr Björn fort: »Bald bist du wieder richtig zu Hause. Du wirst die Tür eurer Hütte öffnen und deine Mutter und dein Vater werden dich in ihre Arme schließen.«

Keelys Augen glänzten, als erwärmte der Gedanke daran die verborgenen Kammern ihres Herzens.

Björn wandte sich an Lil. »Und das ist Bree?«, fragte er erneut.

»Ich bin Lil«, antwortete sie sofort. »Ich bin eine Byrne von den Wicklow Mountains.«

»Und stolz darauf, ganz klar.«

»Und stolz auf Bree. Sie hat sich um mich gekümmert, und dann hat sie eine Kette gemacht …«

»Das Hacksilber?«, fragte Björn Devin. Wikingerräuber verteilten die Beute untereinander, indem sie das Plündergut zerhackten. Silberstücke, die aus größeren Stücken wie Silbergefäßen oder Schmuck geschnitten worden waren, wurden oft für den

Tauschhandel benutzt. Hacksilberstücke wurden gewogen und waren als verbreitete Währung anerkannt.

»*Dein* Hacksilber«, präzisierte Devin. »Die kleinen Stücke, die du mir gegeben hast, der große schöne Klumpen und der silberne Draht. Ja, Bree hat eine Halskette angefertigt.«

»Ha!« Vergnügt schlug Björn mit der Hand auf die Werkbank. »Ein Nordländer hat einem anderen Nordländer das Lösegeld bezahlt, um dieses Kind zu befreien?« Björn grinste erst Lil, dann Devin an. »Das ist gut. Auf diese Weise wird Frieden geschlossen.«

Doch als Björn Devin nochmals anschaute, wurde sein Blick wieder ernst. »Und Bree? Du hast sie noch nicht?«

Devins Kehle war wie zugeschnürt und er konnte nur den Kopf schütteln, ohne ein Wort zu sagen.

Björn streckte seine große Hand aus und klopfte Devin auf die Schulter. »Was ist geschehen, mein Freund?«

Devin schluckte leer und versuchte den Kloß in seinem Hals loszuwerden.

»Das Lösegeld, das du gebracht hast?«, wollte Björn wissen.

Als Devin schließlich in der Lage war zu sprechen, erklärte er alles, was vorgefallen war. Dann fügte er hinzu: »Ich bringe Keely und Lil nach Hause. Wir werden feiern und die frohen Jauchzer der Iren hören. Und dann gehe ich zurück, um Bree zu holen.«

»Nein!« Björns Stimme kam so schlagartig und erschreckend wie ein Donnerschlag.

»Nein?«, fragte Devin. »Aber ich muss. Ich kann Bree nicht dort lassen.«

»Sie muss einen anderen Weg finden, um nach Hause zu kommen«, warnte Björn.

»Nein!«, schrie Devin. Der Schmerz in seinem Innern ergoss sich in den Schusterladen. »Ich habe versprochen, dass ich zurückgehen werde.«

»Und wem hast du das versprochen?«, wollte Björn wissen.

»Ich habe Mikkel gesagt, dass ich sein Geschichtenerzähler sein werde – und sein Freund. Er hat versprochen, dass, wenn Bree und ich mit ihm auf eine Schiffsreise kämen, er Bree freilassen würde, wenn er wieder zu Hause ist.«

»Mikkel!« Björn spie auf den Erdboden. »So viel ist ein Versprechen von Mikkel wert!« Er wandte sich an die beiden Mädchen. »Bitte wartet draußen.«

Als Keely und Lil die Tür hinter sich schlossen, ergriff Björn erneut das Wort. »Der Beutel Silbermünzen, den Mikkel von mir gestohlen hat. Konntest du irgendetwas darüber in Erfahrung bringen?«

Devin ließ die Schultern hängen. »Nichts. Bree und ein Mann aus Irland haben als Silberschmiede gearbeitet. Aber sie konnten nicht rauskriegen, wo Mikkel seinen Schatz versteckte. Jeden Morgen gab er ihnen nur gerade genug Silber für die Arbeit an jenem Tag.«

»Mikkel.« Langsam setzte sich Björn auf den hohen Hocker, den er benutzte, um Schuhe herzustellen. Er lehnte sich vor, stellte die Ellbogen auf den Tisch und stützte das Kinn mit den Händen. »Und du glaubst wirklich, dass Mikkel sein Versprechen halten wird? Dass er am Ende einer einzigen Schiffsreise sowohl dir als auch Bree erlauben wird, nach Hause zu gehen?«

Eine gefühlte Ewigkeit blickte Devin auf seine Füße. Er trug immer noch die Lederstiefel, die Björn für ihn gemacht hatte. *Mikkel.*

Devin seufzte. *Immer dieser Mikkel.*

Schließlich hob Devin den Kopf und sagte leise: »Ich *will* glauben, dass Mikkel sein Versprechen halten wird.«

»Du *willst*!« Björn schlug mit der Faust so stark auf den Tisch, dass er klapperte. »Du *willst* glauben! Das reicht nicht. Du kannst Mikkel nicht vertrauen. Einem, der den besten Freund seines Vaters bestiehlt …«

»Ich weiß«, meinte Devin kleinlaut. »Und ich habe deine Münzen nicht wie erhofft gefunden. Ich versuche es nochmals, wenn ich zurückgehe.«

Doch Björn wehrte mit den Händen ab. »Nein! Wegen der Münzen gehst du mir auf keinen Fall zurück. Das sind sie weder mir noch sonst jemandem wert.«

Björn erhob sich und lehnte sich nahe an Devin heran, um sicherzugehen, dass er ihn verstand. »Sprich mit deiner Mutter und deinem Vater. Hör auf sie. Du und deine Eltern müssen entscheiden, ob du wegen Bree zurückgehen sollst. Aber wegen der Münzen sollst du auf keinen Fall zurückgehen.«

Nicht zurückgehen, um Bree zu holen? Für Devin war das undenkbar. Doch schon zwei Nordländer, zwei Männer, die den Norden kannten, hatten ihn gewarnt und ihm geraten, nicht zurückzugehen.

Devins langes Seufzen schien den Raum zu erfüllen. »Und jetzt muss ich nach Hause gehen und meinen Eltern die Nachricht überbringen, dass ich Bree nicht habe. Ja, ich habe Keely und Lil. Aber Bree ist immer noch nicht bei uns.«

Wie ein freundlicher, riesiger Bär sprach Björn mit einer mitfühlenden Stimme: »Du willst Mikkel vertrauen, weil es dich hoffen lässt.«

Devin nickte. »Es lässt mich hoffen.«

»Aber kannst du ihm *wirklich* vertrauen?«

»Ich weiß es nicht.« Devin blickte in das freundliche Gesicht seines norwegischen Freundes. »Ich habe mich immer gefragt, ob Mikkels Gier die Oberhand behalten würde.« Dass Mikkel die eine Münze, die er gefunden hatte, zurückgegeben hatte, verwirrte Devin immer noch.

»Mikkel ist sehr gierig und er will berühmt werden«, meinte Devin leise. »Ich kann nur Vermutungen anstellen, wozu ihn das verleiten wird, aber …«

»Aber was?«

»Ich will glauben, dass sich Mikkel verändern kann.«

Das große Rätsel

Früh am nächsten Morgen stand Bree am Heck von Mikkels Schiff und blickte zurück. Als sie von Aurland ablegten, stand Mikkels Mutter Rika am Ufer, zusammen mit Cort und den Großeltern. Zu Brees Überraschung überkam sie einen Anflug von Traurigkeit, den sie jedoch rasch ablegte.

Ich Dummkopf, schimpfte sie sich selbst. Trotzdem fragte sie sich, ob sie Mikkels Familie je wiedersehen würde.

Während sie um die Biegung im Fjord fuhren, blickte Bree immer noch zurück. Dann verbargen die hohen Felswände auf beiden Seiten der schmalen Fahrrinne das Dorf Aurland. Als sich Bree nach vorne wandte, hatte sie das Gefühl, dass sie im Begriff war, ein neues Leben zu beginnen.

Auf ihrer Reise hierher hatte sie oft Angst gehabt. Unzählige Male hatte sie sich gefragt: *Wie wird es sein, eine Sklavin zu sein?* Inzwischen hatte Bree sich in so vielerlei Hinsicht verändert, wie sie sich früher gefürchtet hatte.

Trotzdem kniete sie sich zu der Stelle nieder, wo der Hund Shadow zu ihren Füßen lag. Während sie seinen Rücken streichelte, war Bree froh, dass er ihr an Bord gefolgt war. Sie war immer noch überrascht, dass Mikkel den Hund nicht zurückgeschickt hatte.

Vor ihnen segelte Sigurds Schiff, der *Seevogel*, und wies den Weg. Immer wenn Bree einen Blick auf Mikkel warf, bemerkte sie sein freudig gespanntes Gesicht. Es war offensichtlich, wie sehr er sein neues Schiff und die Art, wie es sich im Wasser bewegte, mochte. Als die beiden Schiffe schließlich die weiten Wasser des Sognefjords erreichten, wurde Bree noch etwas anderes bewusst. Nun, da sie sich nicht so ängstlich und allein fühlte, gefiel ihr das Segeln.

In ihrer ersten Nacht draußen legten die zwei Schiffe in einer geschützten Bucht an. Bree beobachtete, wie der muskulöse Mann, von dem sie wusste, dass er Nolas Mann war, die schweren Kochtöpfe von der *Eroberung* trug. Doch als Nola ihn darum bat, dass er das dreibeinige Gestell für den Kochtopf an einer bestimmten Stelle aufstellte, ignorierte sie Garth.

Nola zupfte ihn am Ärmel und zeigte: »Da drüben. Weg vom Wind.«

Doch der Mann schüttelte den Kopf. Er nahm das Gestell, stellte die drei Beine weit voneinander entfernt auf den Boden und hängte den Eisentopf an die Kette.

Sobald er zum Schiff zurückging, hakte Nola den Topf aus, hob das dreibeinige Gestell auf und stellte es dort ab, wo sie es haben wollte. Als Garth schließlich zurückkehrte, hatte sie den Topf mit Wasser gefüllt und Feuer gemacht. Garth warf ihr einen Blick zu, drehte sich um und ging davon. Nola ignorierte ihn.

Als Bree einen weiteren Topf mit Wasser füllte, ging ihr die Szene nicht aus dem Kopf. Nola dachte, dass es gut war, mit diesem Mann verheiratet zu sein? Bree jedenfalls hatte den Eindruck, dass ihre Freundin immer noch wie eine Sklavin behandelt wurde.

Am nächsten Morgen lag dichter Nebel auf dem Wasser. Wie gewöhnlich, mit mechanischen Handgriffen, bereitete Bree den Haferbrei zu. Doch als sie ihn verteilte, wurde sie plötzlich hellwach. Genau vor ihr standen zwei Männer, die sich so ähnlichsahen, dass Bree vergaß, ihnen Haferbrei zu schöpfen.

»Ihr seid Zwillinge?«, fragte sie. Als die beiden grinsten, konnte Bree nicht aufhören sie anzustarren. Wie konnte ihr Lächeln bloß genau gleich sein?

»Ich bin Garth«, sagte einer.

»Ich bin Hammer«, erklärte der andere.

Auch wenn sie beide nebeneinander sah, konnte Bree nicht sagen, wer von beiden Nolas Mann war. Dann fiel Bree ein, dass sie die Warteschlange in Bewegung halten musste.

»Garth hat einen Zwillingsbruder?«, fragte sie Nola später. »Ich kann sie nicht auseinanderhalten.«

»Die wenigsten können es. Aber ich habe mich noch nie geirrt.«

Bree blickte erst Nola und dann die Männer an. »Wie weißt du es?«

»Nicht anhand ihrer Arbeitsweise. Nicht anhand ihrer Kleider. Wenn der eine nicht weiß, was der andere trägt, schaffen sie es trotzdem, dasselbe anzuziehen. Garth hasst es. Er sagt seinem Bruder dann, er soll zurückgehen und sich umziehen. Aber Hammer mag es.«

»Wie kann ich sie auseinanderhalten?«

»Wart's ab«, sagte Nola nur. »Du kriegst das schon raus.«

Bree bezweifelte es. Jedes Mal, wenn sie die Zwillinge anschaute, fielen ihr neue Gemeinsamkeiten auf. Wie viele Männer an Bord hatten sie starke Schultern und muskulöse Arme von der Arbeit, die sie verrichteten. Beide Brüder hatten auch Fäuste so mächtig wie ein Hammer. Und beide schienen sich so leichtfüßig und lautlos wie eine Katze zu bewegen.

Während sie die beiden beobachtete, wurde Bree einen beunruhigenden Gedanken nicht los. Sie hatte immer noch das Gefühl, dass sie den Männern schon einmal begegnet war, bevor sie sie beim Bauernhaus gesehen hatte. Doch sie war sich genauso sicher, dass sie sich an Zwillinge erinnert hätte. Von ganzem Herzen hoffte Bree, dass sie nie darauf angewiesen sein würde zu erkennen, welcher nun welcher war.

An jenem Tag ließen die Schiffe den Sognefjord hinter sich und schlugen den Weg nach Norden entlang der zerklüfteten Küstenlinie Norwegens ein. Sosehr Bree auch hatte wissen wollen, was jenseits der Irischen See lag – nichts hatte sie auf dies vorbereitet.

Inzwischen wusste sie, dass ein warmer Strom die Küste entlangfloss. Manchmal fuhren sie zwischen Schären hindurch, den kleinen felsigen Inseln, die einen natürlichen Schutzwall gegen die Meereswellen bildeten. Häufig wurde das Festland von Buchten und Fjorden unterbrochen – langen Wasserarmen, die zwischen senkrechten Felswänden ins Landesinnere zeigten. Während sie nordwärts segelten, hörte Bree, wie die Westküste von den Männern *Norveg*, der Weg in den Norden, genannt wurde.

Bree versuchte alles zu verinnerlichen. Manchmal blickte sie nur zum blauen Himmel auf und schaute zu, wie Seemöwen heruntterglitten und sich auf dem Wasser niederließen. Und manchmal stand sie an der Reling und spürte Salzwasserspritzer auf dem Gesicht. Tief in ihrem Innern war sich Bree ganz sicher: Niemand konnte ihr den Frieden wegnehmen, den sie verspürte – nicht, solange sie es nicht zuließ.

Wenn sie ihr Abendessen beendet hatten, saßen Sigurd, Mikkel und ihre Männer um das Feuer, spielten Schach oder erzählten Geschichten. An einem Abend begannen sie über König Olaf Tryggvason zu sprechen.

»Vor nicht allzu langer Zeit war er ein Wikingerräuber«, sagte Nolas Mann. Oder zumindest dachte Bree, es sei Garth. Wenn einer der beiden Zwillinge viel sprach, schien es für gewöhnlich er zu sein.

»Als Olaf Christ wurde, führte er keine Raubzüge auf England mehr durch«, fuhr Garth fort.

»Wie ist der König?«, fragte Bree, neugierig wie immer.

»König Olaf ist mutiger und größer und stattlicher als alle anderen Männer«, antwortete ihr Garth. »Er ist der Beste in allen möglichen Sportarten. Kräftig und geschmeidig, ein guter Kletterer. Einer seiner Wächter kletterte auf einen hohen Berg hinauf und konnte nicht mehr herunter. König Olaf kletterte dem Mann nach und trug ihn herunter.«

»Er *trug* ihn?« Bree konnte sich nicht vorstellen, wie stark man sein musste, um einen Mann einen steilen Berghang hinunterzutragen.

»Stimmt es, dass der König mit Schwertern jongliert?«, fragte Mikkel.

Garth grinste. »Mit drei Stück. Eines ist immer in der Luft. Ein anderes packt er am Griff. Und das dritte fliegt irgendwo dazwischen.«

»Er führt sein Schwert genauso gut mit links wie mit rechts«, warf ein anderer Mann ein. »Er kann zwei Speere gleichzeitig werfen. Und was das Beste ist …«

Mikkel lehnte sich nach vorn. »Das Beste ist: Er rennt auf den Rudern außen an seinem Schiff, wenn die Männer rudern.«

»Im Ernst?«, fragte Bree.

Mikkel grinste. »Ich habe es von mindestens zehn Männern gehört. Ich wollte es immer versuchen.«

Bree sah die Szene vor ihrem geistigen Auge. Ein sehr großer Mann – zweifellos blond –, der knapp über dem Wasser von einem Ruder zum nächsten sprang. Und wenn die Ruder rauf- und runtergingen – wenn er auch nur eines verpassen würde …

Bree lachte. Ums Feuer herum stimmten viele Männer in ihr Lachen ein. Doch dann wandte sich das Gespräch ernsteren Themen zu. Als Garth die neue Religion ansprach, hielt Nola im Abwaschen der Kochtöpfe inne und hörte zu. Bree war sich sicher, dass es Nola wichtig war, was ihr Mann glaubte.

»Seit er König geworden ist, reist Olaf Tryggvason von einer Region zur nächsten und spricht mit den Leuten darüber, ob sie Christen werden wollen. Als er die Landbesitzer von Rogaland zu einer Versammlung zusammenrief, waren die Männer wütend.«

Rogaland war ein Gebiet an der Südwestküste. Bree hatte schon von einem der atemberaubenden Kliffe in dieser Region gehört.

»Als sich die Männer versammelten, waren sie voll bewaffnet«, fuhr Garth fort. »Sie haben drei Männer ausgewählt – Landbesitzer, die die besten Redner waren –, um dem König zu antworten und ihm zu widersprechen. Als König Olaf kam, verkündete er, dass er wünschte, dass sie zum Christentum überträten. Nachdem der König seine Rede beendet hatte, stand der beste Redner unter den Landbesitzern auf, um zu antworten.«

»Und König Olaf? Was hat er gemacht?«, fragte Mikkel.

»Als der Landbesitzer zu sprechen versuchte, wurde er von einem solchen Husten und Würgen überfallen, dass er kein Wort hervorbrachte. Also setzte er sich wieder.«

Ums Feuer herum lachten die Männer.

»Eifrig stand der zweite Landbesitzer auf«, erzählte Garth. »Er wollte sich von dem, was dem ersten Mann zugestoßen war, nicht entmutigen lassen. Doch als der zweite Mann zu sprechen begann, stotterte er so sehr, dass er kein ganzes Wort hervorbrachte. Als alle anfingen zu lachen, setzte sich der Landbesitzer.«

Hier und da bemerkte Bree ein Grinsen, doch niemand sagte etwas. Garth legte eine Kunstpause ein und blickte von einem Mann zum nächsten.

»Also stand der dritte Mann auf. Er hatte auch vor, gegen König Olaf und seine Überzeugungen zu sprechen. Aber seine Stimme war so heiser und seine Kehle so zugeschnürt, dass niemand hören konnte, was er sagte. Auch er musste sich setzen.«

Diesmal lachte niemand ums Lagerfeuer. Stattdessen schauten die Männer einander an und wandten den Blick ab. Es war still, und jeder schien in seinen eigenen Gedanken versunken. Hier und da bemerkte Bree einen erschreckten Gesichtsausdruck. Falls der König versuchte, ihren alten Glauben an Odin und Thor zu ersetzen, was würden sie tun?

Es war Mikkel, der fragte: »Und dann?«

»Es gab niemand anderen, der versuchte, gegen den König etwas zu sagen. Also stimmten alle zu, das zu tun, was er von ihnen verlangte. Alle Leute der Versammlung wurden getauft, bevor der König wegging.«

Bree lächelte, froh darüber, dass die Begegnung mit König Olaf ein so gutes Ende genommen hatte. Doch dann sah sie zu Nola. Ihre Freundin stand in der Nähe des Feuers und wartete, als ob sie sich fragte, ob ihr Mann noch mehr sagen würde.

Aufgrund von Nolas Verhalten wusste Bree, dass etwas nicht in Ordnung war. *Warum spricht Garth nicht weiter? Was verschweigt er?*

Als Garth nichts mehr sagte, warf Bree einen Blick auf Mikkel. Er machte ein äußerst finsteres Gesicht. Doch es war Sigurd, der Brees Interesse am meisten weckte. Kein Zweifel, er blickte besorgt drein.

Warum?, fragte sich Bree. *Was wissen Garth, Sigurd und Mikkel, was ich nicht weiß? Warum ist es so wichtig?*

Später, als sich die Männer trennten, um in ihre Zelte zu gehen, hörte Bree, wie ein Mann leise mit einem anderen sprach. »Wenn du der Freund des Königs bist, ist es gut«, sagte er mit einer schreckerfüllten Stimme. »Aber es ist nicht gut, sein Feind zu sein.«

◆ ◆ ◆

Als sie am nächsten Morgen weiter in Richtung Norden fuhren, fischten die Männer von beiden Schiffen aus. Am späten Nachmittag hielt Sigurd in einer kleinen Bucht an, doch Mikkel segelte weiter. Bald wurden die Wolken über ihnen dunkler, und Wellen klatschten an die Felsen.

Hier wurden sie nicht mehr von einer Kette kleiner Inseln geschützt, sondern die Wellen bildeten Schaumkronen. Wuchtige Wellen schlugen gegen das Ufer und überfluteten alles, was vor ihnen lag. Als sie eine Kuppe umrundeten, gelangte die *Eroberung* in ruhigere Gewässer. Sobald sie das Schiff an Land brachten, gingen alle ihren Pflichten nach.

Rasch luden sie den großen Eisenkessel ab, in dem Bree und Nola Suppe zubereiteten. Andere säuberten die Fische, die sie unterwegs gefangen hatten. Noch andere machten sich zu einem Bach mit klarem Wasser auf, der sich über eine Felswand in die See ergoss.

Bree war klar, dass die Männer etwas essen wollten, bevor der Regen kam. Als sie und Nola mit Treibholz zurückkamen, hing der große Kochtopf bereits am dreibeinigen Gestell. Sobald das Wasser zu sieden begann, warf Bree den gesäuberten Fisch in die Töpfe.

Schwere schwarze Wolken hatten sich bedrohlich genähert, als Bree schließlich das Essen zu verteilen begann. Mit einem prüfenden Blick zum Himmel stellten sich die Männer schnell an, setzten sich und begannen zu essen. Plötzlich spie Mikkel sein Essen aus.

»Was hast du damit gemacht?«, fragte er Bree.

»Gemacht? Was ich immer mache, wenn ich Fischsuppe zubereite.«

Neben Mikkel würgte ein Mann. Ein anderer hustete. Ein dritter langte sich an die Kehle, als brennte sein Rachen. Wieder ein anderer stand auf, ging einige Schritte weiter und warf sein Essen den Vögeln hin.

»Das ist deine gute Köchin?«, fragte er Mikkel. »Du solltest dich ihrer nicht so sehr rühmen!«

»Aha!«, wandte sich Mikkel wütend an Bree. »Du hast gesagt, du würdest mir helfen.«

»Aber das tue ich.« Bree war sowohl peinlich berührt als auch wütend.

Doch Mikkel fuhr fort: »Und das nennst du Hilfe?«

Er sprang auf, kippte den Rest seiner Suppe aus und ging zum zweiten Topf hinüber. Nola stand immer noch da und schöpfte. »Bitte«, wandte sich Mikkel respektvoll an sie.

Nola füllte seinen Teller bis zum Rand. Als Mikkel an Bree vorüberging, warf er ihr einen wütenden Blick zu. »Verspricht zu helfen! Klar! Erst Steine im Brot und nun das.«

Bree war verlegen. Bisher hatte Mikkel die Steine nicht erwähnt. Musste er es vor all seinen Männern tun?

Mikkel setzte sich wieder, tauchte den Löffel in die Suppe und füllte sich den Mund. Sekunden später spie er alles wieder aus.

Diesmal richtete sich Mikkels Wut auch gegen Nola. »Also gut, sagt es uns. Was habt ihr beiden ausgeheckt?«

Doch seine Männer warteten keine Antwort ab. Alle leerten ihre Schüsseln auf den Boden aus und gingen zum dritten Topf. Diesmal schöpfte Nola nur halbvoll. »Was ist los?«, fragte sie, als die Männer anstanden.

»Es ist grässlich«, sagte einer. »Gibt Brechreiz.«

»Dörrt den Mund aus«, meinte ein anderer.

Plötzlich hielt Mikkel die Männer am dritten Topf zurück. »Esst nichts mehr davon«, befahl er. »Diese Suppe ist mit Salzwasser statt mit frischem Wasser gemacht worden.«

Als Mikkel sich umschaute, waren seine Augen so blau wie die See. Sein loses blondes Haar wehte im Wind. Sein sonnengebräuntes Gesicht war rot vor Ärger.

»Der Fang des Tages ist verdorben«, sagte er. »Wer hat das getan?«

Als sich niemand meldete, versuchte es Mikkel erneut. »Sagt mir, wer heute Wasser geholt hat!«

Drei Männer traten vor. Bree beobachtete sie. Einer von ihnen war, glaubte sie, Nolas Mann Garth. Ein anderer war einer von Mikkels vertrauten Nachbarn in Aurland. Den dritten kannte Bree nicht, doch sie hatte ihn schon früher mit Mikkel arbeiten sehen. Warum würden diese Männer Wasser aus dem Meer statt aus einem Bach holen? Es ergab keinen Sinn.

Dann fegte ein plötzlicher Windstoß über die Küste. Mit einem gewaltigen Donnergrollen öffneten sich die Himmel und alle rannten in Deckung vor dem Regen.

Auf dem Weg stolperte Bree über einen hölzernen Eimer. Plötzlich hielt sie an. *Was soll denn dieser Eimer hier?*

Im strömenden Regen ging Bree zu dem Ort zurück, wo immer noch drei Kochtöpfe an den Dreibeinern hingen. Am Boden daneben befanden sich drei Wassereimer. Eimer, mit denen das Füllen länger dauerte, weil der Bach weiter weg war. Doch hier, ganz in der Nähe, auf dem Landstreifen, der sie von der offenen See abschirmte, lag ein vierter Eimer. Ein Eimer, der weit genug hinter einem Baum abgestellt worden war, dass sie darüber stolperte.

Vier Männer?, fragte sich Bree. *Nicht drei? Und der vierte Mann sorgte dafür, dass sein Wasser benutzt wird?*

Als sie endlich die Wicklow Mount[illegible] erreichten, hatten sowohl Keely als auch Lil ihre Lederschuhe durchgelaufen. Doch sie hüpften beinahe den Pfad hinauf, von dem sie auf das Kloster von Glendalough (*Glendaloch* ausgesprochen) sehen konnten. Devin entging keine Regung auf Keelys Gesicht.

Mit seinen dreißig Metern Höhe zeigte der runde Turm mit den meterdicken Wänden und dem kegelförmigen Dach in den Himmel. Der Turm war aus schweren aufeinandergeschichteten Steinblöcken gebaut und schien fast alles aushalten zu können. Doch Keely blickte ihn traurig an.

»Als ich klein war, dachte ich, er würde mich beschützen«, meinte sie. »Aber jetzt …«

Devin wartete.

»Aber jetzt weiß ich, was wirklich zählt.« Ein Licht erschien auf Keelys Gesicht und verdrängte ihre Traurigkeit. »Was zählt, ist, dass Jesus bei mir ist.«

Einen Augenblick lang blieben sie stehen und nahmen die Sicht ins Tal in sich auf. Die kleinen Gebetshütten mit den Strohdächern. Das Gebäude, in dem Mönche die Bibel abschrieben, Buchstabe für Buchstabe. Die glänzenden Oberflächen der oberen und unteren Seen.

Sogar aus dieser Entfernung stiegen die Geräusche des Klosters zu ihnen hinauf. Ein Hund bellte, eine Kuh muhte und Männer in langen braunen Roben eilten hin und her.

»Bruder Cronan?«, fragte Keely, als ob sie tief unten in ihrem Gedächtnis kramte. Er lehrte nicht nur am Kloster, sondern war auch ein guter Freund der Familie.

»Immer noch da«, antwortete Devin.

Lil hakte sich bei Keely ein. »Nun heißt uns der Turm zu Hause willkommen«, meinte Lil. »Komm!«

Wie in einem Wettlauf begannen sie zu rennen, und Devin mit ihnen. Voller Vorfreude durchquerten sie den Wald und wurden erst langsamer, als sie den Fluss erreichten. Dort blieben sie stehen und überquerten ihn feierlich. Auf der anderen Seite öffnete Devin das Tor im Steinzaun.

Doch Keely zögerte. »Ich habe fast Angst zurückzukehren. Was, wenn es anders ist, als ich es in Erinnerung habe? Vielleicht erkennen mich Vater und Mutter gar nicht mehr.«

»Bestimmt erkennen sie dich«, ermunterte sie Devin.

»Was, wenn sie mich nicht mehr lieb haben?«

Devin lachte. »Keely, du bist ein Hohlkopf. Krieg dich wieder ein.« Er nahm sie bei der Hand und drängte sie den Pfad hinauf.

In diesem Augenblick trat Aidan O'Toole durch die Tür der Hütte ans Sonnenlicht heraus. Plötzlich begann Keely zu rennen.

»Vater! Vater!«

Beim Klang ihrer Stimme rannte ihr Vater Keely entgegen. Als er sie ihn seine Arme schloss, hob er Keely hoch. Ihr Vater schwenkte sie immer wieder im Kreis herum, als wollte er sie nie mehr loslassen.

Sie wirbelten immer noch im Kreis herum, als Maureen O'Toole zur Tür herauskam. »Aidan O'Toole, geht's dir nicht gut? Was ist hier los?«

Und dann, als sie die Situation erfasste, rannte auch sie auf Keely zu. Als Keelys Vater sie absetzte, warf ihre Mutter die Arme um Keely. Ihre Tränen flossen in solchen Strömen, dass sie die Erde damit zu bewässern schienen.

Als ihr Bruder und ihre Schwestern sich in eine Reihe stellten und auf ihre Umarmung warteten, blickte Keely sie leicht verwirrt an. Obwohl Bree und Devin ihr von ihnen erzählt hatte, musste sie die Namen noch den richtigen Gesichtern zuordnen.

Adam stand mit dem ernsten, verantwortungsvollen Ausdruck eines Achtjährigen da. »Du bist Adam, schon fast erwachsen«, sagte Keely, worauf sich ihr kleiner Bruder zu seiner vollen Größe aufrichtete.

Doch bei den Mädchen benötigte Keely Hilfe. Da sie geboren worden waren, nachdem Keely von den Wikingern entführt worden war, hatte sie erst von ihnen erfahren, als Bree sie fand. »Cara«, sagte ihre Mutter, und ein fünfjähriges Mädchen mit lockigen roten Haaren trat heran.

»Und deine jüngste Schwester Jen.« Jen war vier Jahre alt und schüchterner als die anderen. Einen Augenblick hielt sie sich zurück und wusste nicht, was sie tun sollte, doch Keelys Arme umschlossen sie.

Die Kunde von Keelys Rückkehr verbreitete sich wie ein Lauffeuer in den umliegenden Hütten. Ein Nachbar nach dem anderen tauchte auf und brachte Esswaren, gute Wünsche, Umarmungen, Lachen und Freude mit.

Dann fiel Devin etwas ein. »Lauf!«, sagte er dem schnellsten Jungen, den er kannte. »Lauf zu Lils Familie. Sag ihrem Cousin Tully, dass Lil hier ist.«

König Olaf

In jener Nacht lag Bree lange wach. *Wer hat die Suppe verdorben?*, fragte sie sich und versuchte in Gedanken das Gesicht jedes einzelnen Mannes durchzugehen.

Mikkel hatte recht. Es musste mit Meerwasser getan worden sein. Und wenn *er* die Person nicht ausfindig machen konnte – *sie*, Bree, würde es schaffen. Sie nahm sich vor, alles, was sie und Nola kochten, genau im Auge zu behalten.

Am nächsten Tag verließen der *Seevogel* und die *Eroberung* die Norwegische See und segelten landeinwärts. In der Nähe einer Biegung im Fluss Nidelva erblickte Bree einen Marktplatz, Häuser und Zäune. Die Straßen waren aus nebeneinandergelegten Baumstämmen gebaut. Als sie an den Häusern von Händlern vorbeifuhren, schaute Bree nach vorn auf ein Stück Land, das in den Fluss hereinragte.

Ein Hafen lag in der Rundung der Bucht. Bei seinem Anblick wollte Bree mehr über diese Stadt Nidaros und die Schiffe, die an breiten Anlegestellen im Fluss oder in der Bucht ankerten, wissen.

Dann ruderten Sigurds Männer rückwärts und hielten so den *Seevogel* an Ort und Stelle. Vor ihnen war das größte Schiff, das Bree je gesehen hatte.

»Die *Lange Schlange*!« Als die *Eroberung* sich näherte, sprang Mikkel auf seine Seekiste, um in das andere Schiff hineinzusehen. »34 Rudersitze!«, rief er aus.

Bree wusste, was das bedeutete: 68 Männer konnten gleichzeitig rudern. Mikkel rief ihr zu: »Komm, Bree! Das musst du dir ansehen!«

Mit seiner Hilfe kletterte sie auf ein Fass. Dass es mehr Ruderplätze gab, als sie je gesehen hatte, war nicht das Einzige. Die Bodenbretter waren auf besondere Art geschnitzt. Die Galionsfigur – ein Drachenkopf – und das gekrümmte Heck waren vergoldet und glänzten.

»Man sagt, es sei das am besten ausgerüstete und teuerste Schiff, das je von Norwegern gebaut worden ist«, erklärte Mikkel. »Und die Flotte des Königs besteht aus dreißig Schiffen!«

Die Begeisterung über die *Lange Schlange* verbreitete sich von Mann zu Mann. Wächter standen im Schiff und am Land in der Nähe und beobachteten alle, die näher kamen. Bree bemerkte schnell, dass sie diese Art Staunen gewohnt waren – der Respekt von Seefahrern, die den echten Wert eines Schiffes einschätzen konnten.

Als Sigurd das Zeichen zur Weiterfahrt gab, legten er und Mikkel mit ihren Schiffen am Ufer an. Über dem Hafen befand sich ein Haus, das groß und vornehm genug für einen König war. Einer der Männer des Königs kam hervor.

»Ich bin Sigurd, Häuptling des Aurlandsfjords«,

stellte sich Mikkels Vater vor. »Ich ersuche um eine Audienz bei König Olaf Tryggvason. Wäre es möglich, mit ihm zu sprechen?«

Als Mikkel hinzutrat, drehte sich Sigurd um. »Mein Sohn, Mikkel. Darf er uns begleiten?«

»Ich werde Grüße von Ihnen beiden überbringen«, antwortete der Mann formell. »Bei meiner Rückkehr werde ich Ihnen die Wünsche des Königs unterbreiten.«

Sobald der junge Mann sich entfernt hatte, schlugen Männer des *Seevogels* und der *Eroberung* am Ufer Zelte auf. Andere trugen Brennholz von den Schiffen und erhitzten Wasser.

Kurze Zeit später kamen Sigurd und Mikkel aus ihren Zelten. Sie hatten gebadet und ihr Haar gekämmt. Beide trugen ihre besten Kleider.

Bree hatte weder Sigurd noch Mikkel je so sorgfältig gekleidet gesehen. Zu Tagesbeginn waren sie immer sauber und gepflegt, doch beide arbeiteten mit ihren Männern draußen. Nun trugen sie weiche Lederschuhe anstelle ihrer Arbeitsschuhe. Beide trugen einen Mantel aus vornehmem Stoff und ein reich verziertes Schwert an der Seite.

Statt seines normalerweise losen Haares, das vom Wind in jede Richtung geweht wurde, hatte Mikkel sein Haar sorgfältig gekämmt. Keine Strähne scherte aus.

Als Mikkel bemerkte, wie Bree ihn anstarrte, grinste er. »Meine Mutter hat mir immer gesagt, dass ich mich gut zurechtmache.«

Bree musste lachen. »Die Leute von Irland sollten dich jetzt sehen.«

Doch Mikkel lachte nicht. Sein Gesicht lief rot an und er wandte sich ab. Bree wünschte, sie hätte den Mund gehalten, aber es war zu spät.

Der Bote des Königs kehrte bald darauf zurück. Er wurde von einem großen und starken Mann begleitet, dessen Erscheinung so eindrücklich war, dass Bree sich fragte, ob es König Olaf selbst war. Als er Sigurd erreichte, verneigte sich der große Mann förmlich.

»Ich bin Leif Erikson von Grönland. Der König wünscht Sie sofort zu sehen.«

Genauso förmlich nickte Sigurd. »Wir sind bereit.«

Daraufhin wandte sich Leif um und führte sie vom *Seevogel* weg. Aufrecht und hocherhobenen Hauptes gingen Sigurd und Mikkel nebeneinander hinter ihm her.

Leif Erikson führte sie einen Steinpfad hinauf zu einem großen Haus über dem Hafen. Erst als Sigurd und Mikkel verschwunden waren, begannen Bree und die anderen zu sprechen.

»Er sagte, er sei Leif Erikson?«, fragte Garth. »Dann muss er der Sohn von Erik dem Roten sein.«

Vor langer Zeit war Erik von Island verbannt worden wegen der Verbrechen, die er begangen hatte. In den drei Jahren, in denen es ihm nicht erlaubt war, sein eigenes Land zu betreten, entdeckte und erforschte er ein neues Land.

Erik gab ihm den attraktiven Namen Grönland (»Grünland«) und kehrte nach Island (»Eisland«) zurück, um eine Gruppe von Siedlern zu sammeln. Obwohl sich 25 Schiffe auf den Weg machten, erreichten nur vierzehn Grönland wohlbehalten.

♦ ♦ ♦

Später an jenem Tag erzählte ein seltsam stiller Mikkel Bree von seiner Audienz beim König. Als Mikkel Bree fand, wusch sie gerade Kleider im Fluss. Zu Brees Überraschung sprach Mikkel nur mit ihr, als wollte er, dass sie es wusste. Doch erst blickte er um sich und vergewisserte sich, dass es niemand anders hörte.

»König Olaf ist wie mein Vater«, begann Mikkel. »Beide haben die Autorität zu herrschen. Der König versteht es, von seinen Freunden Hilfe zu bekommen und sich vor seinen Gegnern zu hüten.«

»Und dein Vater?«, fragte Bree. »Wie ist es ihm ergangen?«

»Er hat seine Geschichte gut erzählt. Als er sagte, dass es der christliche Gott war, der ihn heilte, leuchteten König Olafs Augen froh auf. Er fragte meinen Vater über alles Geschehene und wollte sogar das kleinste Detail der Geschichte nochmals hören.«

»Und König Olaf? Mochtest du ihn?«

»Ja, obwohl ich es nicht gedacht hätte. Er ist groß und schön, größer als alle Leute, die ich kenne. Seine Erscheinung ist stattlich, ähnlich wie beim Grönländer Leif Erikson. Der König hat größeren Feinden getrotzt. Er hat gelernt, mit seiner Macht umzugehen. Aber …«

Mikkels Augen blickten beunruhigt.

»Aber was?«, fragte Bree.

»Mehr als einmal habe ich Geschichten über den König gehört. Diejenigen, die die Götter, die wir schon immer gekannt haben, anbeten wollen, widersetzen sich ihm vehement. Manchmal begegnet er jenen Leuten gut und führt sie zu seinem neuen Glauben. Doch manchmal …«

»Ja, manchmal …« Bree dachte an das Unbehagen zurück, das sie auf der Reise hierher gespürt hatte, als sie die Geschichten, die am Feuer erzählt worden waren, hörte. Mehrmals hatte sie bemerkt, dass König Olaf heidnische Praktiken ablehnte, die Leuten schadeten. Manchmal trat er gewalttätigen Männern entgegen, die heidnische Opfer darbrachten. Wenn sie solche Geschichten hörte, begann sie zu verstehen. Doch einige andere Dinge, die der König tat, verstand sie noch nicht.

»Manchmal erscheint der König grausam«, erklärte Mikkel. »Wie wenn er etwas erzwingen wollte.«

Bree schauderte. Sie lehnte sich zurück und blickte zum Haus des Königs hinauf, zu seiner Schiffsflotte und seiner *Langen Schlange*. Sie hatte gehofft, dass der König einen guten Einfluss auf Mikkel haben würde. Doch genau das Gegenteil schien der Fall zu sein.

Schließlich meinte Bree: »Es ist das Jahr 1000. Glaubt der König, dass die Welt dieses Jahr zu Ende gehen wird? Will er, dass alle Christen werden, bevor das geschieht?«

»Ich weiß es nicht.« Mikkel blickte weg den Fluss hinunter, als wäre es ihm unmöglich, den Rest zu erklären. Als er sich Bree schließlich wieder zuwandte, war sein Blick schmerzerfüllt.

»Bree, ich sehe, wie meine Mutter, mein Vater und meine Großeltern beginnen, deinen Gott kennenzulernen. Ich sehe, wie du und Devin lebt. In mancher Hinsicht wäre es gut, deinen Gott zu kennen.«

»Ja«, stimmte Bree leise zu. »So ist es.«

»Aber wie kann ich an etwas glauben, das den König zu solchen Taten verleitet? Es gefällt dir nicht, wie ich lebe. Manchmal behandle ich die Leute nicht gut. Warum sollte ich an deinen Gott glauben und ihn kennen wollen, wenn ich dadurch nicht zu einem besseren Menschen werde?«

»Oh!« Es war ein Luftschnappen, oder mehr noch: ein Stöhnen. Ein Stöhnen, das aus dem Innersten ihres Herzens kam. Tränen traten ihr in die Augen und sie konnte sie nicht zurückhalten.

Als Mikkel sie anstarrte, bemühte sie sich zu sprechen: »Mikkel, du weißt, dass ich nicht perfekt bin, nicht wahr?«

Zu ihrer Erleichterung grinste Mikkel. »Da habe ich keinerlei Zweifel. Du äußerst deine Abneigung mir gegenüber ziemlich oft.«

Doch Bree lächelte nicht. Sie wusste, dass dies unter Umständen das Wichtigste war, was sie ihm je sagte. »Egal wie sehr ich so wie mein Gott sein möchte, ich schaffe es nicht immer.«

»Manchmal bist du anständig.« Mikkel zog sie auf, als versuchte er sie zu trösten. »Du wirst also nie besser?«

»Vielleicht ein wenig«, gab Bree zu. »Aber nicht so sehr, wie du es dir wünschst.«

Erneut grinste Mikkel, doch Bree fuhr fort. Sie musste das sagen, solange sie konnte. »König Olaf ist auch nicht perfekt. Manchmal scheinen seine alten Verhaltensmuster, seine Wikingergewohnheiten, durch.«

Mikkel nickte. Offensichtlich konnte er dem zustimmen.

»Er ist ein starker Führertyp und will seine Macht ausüben. Ich denke, er will dein Volk vereinen. Doch das heißt nicht, dass er immer so wie Jesus lebt.«

»Jesus?«

»Mein Gott. Die Person, die für meine Sünden starb. Wenn Leute etwas Falsches getan haben, hat er sie darauf hingewiesen. Sie wussten, wie er zu dem stand, was sie getan hatten, aber …«

Auf einmal konnte Bree nicht mehr weitersprechen. Sie schluckte leer und musste gegen den Kloß in ihrem Hals ankämpfen. »Aber Gott liebt mich, Mikkel. Er liebt mich so, wie ich bin. Er will mir ein mutiges Herz geben.«

◆ ◆ ◆

An den darauffolgenden Tagen ließ König Olaf Sigurd oft zu sich kommen. Mehrmals fragte sich Bree, worüber sie sprachen. Eines wusste sie: Mikkels Vater war sehr weise.

Doch mit jedem Tag, der verstrich, wurde Bree ungeduldiger. Wenn sie nicht bald in See stachen, würden sie ihren Bruder verpassen, wenn er zur Niederlassung, die von sieben Bergen umgeben war, kommen würde. *Wenn wir nicht zur rechten Zeit dort sind – wird mich Dev je wiederfinden?*

Eines Tages, als Bree die Kochtöpfe im Fluss wusch, ließ jemand Shadow von seiner Walrosshautleine. Als Bree ihn entdeckte, war er bereits weit den Hang hinaufgelaufen.

Bree eilte ihm nach, doch Shadow sah sie kommen. Er sprang davon und rannte auf das Haus des Königs zu. Bree versuchte den Hund zu fangen, doch Shadow jagte um eine Ecke. Als Bree ihm folgte, wich der Hund einer Frau aus, die einen großen Korb trug, und schlüpfte durch eine offene Tür in einen Gang.

Drinnen war es dunkel und still. Nach dem Sonnenlicht mussten sich Brees Augen an das Dunkel gewöhnen. Weit hinten im Gang blieb Shadow bei einem Türeingang stehen. Durch die Öffnung sah Bree einen großen Raum, in dem eine ganze Armee hätte Platz nehmen können. Shadow war drauf und dran hineinzuschleichen.

Auf Zehenspitzen schlich sich Bree näher und näher heran. Das Herz rutschte ihr in die Hose, als sie daran dachte, dass in einem Augenblick alles verloren sein könnte. Doch Shadow war so damit beschäftigt, das Innere des Raumes zu beäugen, dass er sich nicht umdrehte. Auf einmal stürzte sich Bree auf ihn.

Der Hund drehte und wandte sich, um freizukommen, doch Bree hielt ihn mit dem letzten Quäntchen Kraft fest, das sie besaß. »Ruhig, Shadow«, flüsterte sie ihm ins Ohr. »Guter Hund, ruhig.«

Als der Hund schließlich ruhig in ihren Armen lag, wagte Bree einen raschen Blick in den Raum.

Nur zwei Männer saßen an dem langen, schmalen Tisch. Bree erkannte einen von ihnen – Leif Erikson. Zweifellos war der andere Mann König Olaf selbst.

»Ist es Ihre Absicht, bald nach Grönland aufzubrechen?«, fragte er, als hätten sie schon einmal darüber gesprochen.

»Es ist meine Absicht«, antwortete Leif. »Wenn es dem König genehm ist.«

»Sie sollen dort für mich auf eine Mission gehen, das Christentum predigen.«

Leif nickte. »Der König entscheidet. Aber Sie kennen meinen Vater. Ich bin überzeugt, dass es schwierig ist, in Grönland ein christlicher Missionar zu sein.«

Doch der König ging nicht darauf ein. »Seien Sie nicht bestürzt. Es gibt keinen anderen Mann, der für die Aufgabe besser geeignet wäre als Sie. Sie werden erfolgreich sein.«

»Das wird nur der Fall sein, wenn Sie mich mit Ihrem Schutz unterstützen.«

»Ich werde einen Priester und ein schottisches Paar mit Ihnen senden. Wenn Sie ihre Hilfe benötigen, sind sie so schnell wie ein Hirsch.«

Da wollte sich Shadow wieder losreißen. Mit ganzer Kraft hielt ihn Bree an ihre Brust. Plötzlich hörte Bree Schritte hinter sich und wirbelte herum. Mikkel stand vor ihr.

So wütend hatte sie ihn selten gesehen. Er nahm sie beim Arm und führte Bree von der offenen Tür weg. Draußen, in sicherer Entfernung, begann er schnell zu gehen und zog Bree mit sich. Erst auf halbem Weg zum Schiff, zwischen den Leuten auf dem Marktplatz, wurde Mikkel langsamer.

Er sah sich um und zog Bree beiseite, wo es niemand anders hören konnte.

»Was bitte hast du im Haus des Königs gemacht!?«

»Shadow gefangen.«

Mikkel starrte sie an. »*Einen Hund* gefangen? Ist dir eigentlich nicht bewusst, dass du an der Wache des Königs vorbeigegangen bist? Verstehst du überhaupt, wie schwerwiegend das ist?«

»Ich wurde von niemandem angehalten«, meinte Bree.

»Sie hätten dich aber anhalten sollen. Der König hat Feinde.«

Feinde, dachte Bree. *Und wer hat die Leine meines Hundes losgebunden?* Doch im Angesicht von Mikkels Ärger vergaß sie ihre Frage.

»Der König hat Feinde, die sein Haus genauso betreten könnten, wie du es getan hast.«

Feinde. Bree hegte keinerlei Zweifel darüber, dass jeder Anführer Feinde hatte. König Olaf schien einige besonders erbitterte Feinde zu haben. Doch zum ersten Mal fragte sich Bree, ob Mikkel selbst auch Feinde hatte. Was auch immer er anpackte, Mikkel schien immer Erfolg zu haben. Gab es jemanden, der sich rächen wollte?

Nun sprach Mikkel mit leiser Stimme. »Du weißt, dass mir nicht alles gefällt, was der König tut.«

»Mir auch nicht.« Ohne nachzudenken, rutschten Bree die Worte heraus.

Mikkel starrte sie zornig an. »Du, eine Sklavin, würdest es wagen, dich gegen unseren König auszusprechen?«

Außer sich vor Wut vergaß Bree jegliche Vorsicht. »Nicht einmal Gott zwingt uns, ihn zu lieben. Er lässt uns die Wahl.«

»Psst!«, warnte Mikkel und schaute sich verstohlen um. »Wenn der König hört, was du sagst …«

Doch Bree war so aufgebracht, dass sie nicht mehr leise sein konnte. »Sieh nicht immer nur auf Leute, sieh einmal auf Gott!«

Als die Worte ihren Lippen entglitten waren, bemerkte Bree, wie sich einige Köpfe nach ihnen umdrehten. Mikkel packte Bree am Arm und schob sie vor sich her. Aber er ging nicht auf direktem Weg zum Schiff zurück und blickte häufig über die Schulter.

Tullys Frage

Schneller als es Devin je für möglich gehalten hätte, erschien sein bester Freund Tully an der Tür. Sein Gesicht war rot vom Laufen und sein blondes Haar völlig zerzaust. In den neun Monaten, in denen Devin ihn nicht gesehen hatte, war Tully erwachsen geworden.

Dann, als er sich im Zimmer umschaute, merkte Devin, dass der Junge, der Lils Familie die Nachricht gebracht hatte, Tully nicht gewarnt hatte in Bezug auf Bree.

Von einer Person zur nächsten hetzte sein Blick. Als er Keely sah, trat ein fragender Blick in seine Augen. Dann rannte Tullys Cousine Lil auf ihn zu.

Tully öffnete seine Arme und umarmte das Mädchen so stürmisch, dass er es vom Boden hob. Als er Lil wieder absetzte, sagte er: »Deine Mutter und dein Vater und all deine Geschwister sind auf dem Weg hierher!«

Dann trat Tully einen Schritt zurück. Ein freudiges Grinsen erhellte sein Gesicht. »Ah, Kind, du siehst gut aus. Diese Wikinger haben dir nichts angetan?«

Lil grinste im gleichen Stil zurück. »Sie hätten mich hier verletzt.« Lil legte die Hand auf ihr Herz. »Aber ich war bei Bree.«

»Bree.« Erneut blickte Tully in die Runde. Erneut blieb sein Blick an Keely hängen. Diesmal bemerkte sie es.

Das Leuchten in ihren Augen erlosch, und sie erklärte traurig: »Bree hat mir ihren Platz gegeben. Sie hat mich nach Hause geschickt.«

»Sie hat dich nach Hause geschickt?«, platzte Tully heraus. Die Enttäuschung war ihm ins Gesicht geschrieben.

»Es tut mir leid, Tully«, sagte Keely schnell. »Du hast gedacht, du würdest Bree antreffen, nicht wahr?«

»Nein, nein, das ist es nicht«, erwiderte Tully schnell. »Ich bin nur überrascht. Es ist so gut, dich nach all diesen Jahren zu Hause zu sehen. Ich kann es kaum glauben, dass Dev dich gefunden hat.«

Aber Keely wandte sich ab. Nach einer Weile folgte ihr Tully. »Keely«, sagte er fest, mit entschuldigender Stimme. »Ich habe mich falsch verhalten. Aber Bree hatte recht.«

»Sie hatte recht, dass sie mich nach Hause geschickt hat?« Tränen erfüllten Keelys dunkelbraune Augen. »Du vermisst Bree. Ich kann sie nicht ersetzen.«

»Das musst du nicht. Sieben Jahre ist es nun her, seitdem du geraubt wurdest. Bree wusste, dass wir alle jeden Tag für dich gebetet haben. Bree wusste, dass deine Heimkehr eine Gebetserhörung ist.«

»Wirklich?«

»So wahr ich vor dir stehe. Und Bree wusste, dass *du* nach Hause kommen musstest.«

»Woher hat sie das gewusst, Tully? Wie meinst du das?«

»Bree ist weise, ein wirklich weises Mädchen. Sie weiß, dass jedes Mädchen seine Eltern braucht, und du hast viel davon verpasst. Geh nun und hol dir so viele Umarmungen von ihnen, wie du nur kannst.«

Bei Keelys Lächeln bekam man das Gefühl, dass man den sprichwörtlichen Goldtopf am Ende eines irischen Regenbogens gefunden hatte. »Danke, Tully«, sagte sie sanft.

Bevor Tully mehr sagen konnte, trat Devin zu ihm. »Komm, wir gehen spazieren«, meinte Devin.

Den Pfad hinunter durch den Wald gingen sie zu der Stelle, wo Trittsteine über den Fluss führten. Erst dann ergriff Tully das Wort. »Ich dachte, du würdest Bree zurückbringen! So lange warst du weg, und trotzdem ist sie nicht bei dir!«

»Ich weiß«, sagte Devin kleinlaut.

Tully blickte ihm direkt ins Gesicht. »Dev, sag's mir. Wie geht es Bree? Ist sie verletzt worden? Was geschieht mit ihr?«

Ohne sich dessen bewusst zu sein, ließ sich Tully genau auf dem Felsen nieder, auf dem Mikkel gestanden hatte, bevor er ins Wasser gefallen war. Devin setzte sich auf einen Felsen in der Nähe. Beim Plätschern des Wassers, das die Steine umfloss, erzählte Devin seine Geschichte.

»Was ist schiefgelaufen?«, fragte Tully, als Devin den Fjord beschrieb, wo Bree wohnte. »Warum ist sie nicht nach Hause gekommen?«

Als Devin es erklärte, wollte Tully wissen: »Hat Bree einen triftigen Grund, dort zu bleiben?«

»Nein.« Devin blickte seinem Freund in die Augen. »Sie wusste, dass die jüngeren Mädchen es noch nötiger hatten als sie, nach Hause zu kommen.«

Erst dann verstand Tully. »Ja, so ist Bree. Aber was geschieht nun?«

»Ich gehe zurück …«

»Nein, *ich* gehe …«

»Du?«

Tully starrte ihn ärgerlich an. »Ja, ich. Warum sollte nicht *ich* gehen?«

Devin starrte ihn an. »Mikkel hat das Lösegeld, das ich gebracht habe, an sich gerissen. Ich wurde in ein Loch im Boden gesteckt, das sie Gefängnis nannten. Was hindert die Leute daran, dasselbe mit dir zu tun?«

Doch Tully wollte nicht hören.

»Du kennst die Leute nicht«, erklärte Devin. »Du wüsstest nicht, worauf du dich einlässt – wem du vertrauen kannst und wen du fürchten musst …«

Tully schnitt ihm das Wort ab. »Wer ist dieser Mikkel überhaupt?«

Devin erwiderte seinen Blick. »Jemand, der dir sehr ähnlichsieht. Einen Tag bevor die Wikinger kamen, sah ihn Bree hier. Sie dachte, du seist ins Wasser gefallen. Sie dachte, dass sie dich rettete.«

Als Tully über die Komik des Ganzen den Kopf schüttelte, fuhr Devin fort: »Er sieht dir sehr ähnlich, aber es gibt einen großen Unterschied. Du bist nett. Dir ist Bree nicht egal …«

Devin hielt plötzlich inne. Auf einmal fiel ihm etwas ein. Die ganze Zeit hatte er Mikkel als grausam und gierig eingeschätzt. *Gierig schon.* Seine Gier war die Ursache dieser ganzen Geschichte. Und mehrmals hatte Devin gesehen, wie Mikkel sich einen Namen machen wollte. *Ehrgeizig.*

Aber grausam? Devin konnte ehrlicherweise nicht sagen, dass Mikkel grausam war. Wann hatte sich das verändert? Tully wartete darauf, dass er es ihm erklärte.

»Sie sind nicht grausam«, meinte Tully dann mit einem seltsamen Ausdruck in den Augen. »Und nicht schmutzig. Es sind nicht die dreckigen, stinkenden Wikinger aus dem Norden.«

»Woher weißt du das?«, rutschte es Devin heraus.

Seine Worte machten Tully nur noch wütender. »Sie sind sauber«, wiederholte er. »Das hat mir mal jemand gesagt. Sie benutzen Kämme und baden und stutzen ihren Bart und …«

»Ja.« Und nun verstand Devin, was los war. »Du brauchst dir keine Sorgen zu machen«, beschwichtigte er seinen Freund. »Bree wird Mikkel nie im Leben lieben.«

»Du bist mein Freund«, antwortete Tully. »Mein allerbester Freund. Du würdest mich nicht anlügen?«

»Nein. Sie hasst ihn.«

»Hasst ihn?«

»Nun, sie vergibt ihm immer wieder, aber …«

Tully wandte seinen Blick ab. Ohne zu sprechen, starrte er in das klare Wasser, das am ersten Trittstein im Fluss vorbeifloss.

»Bree hat das Geräusch des Wassers gemocht«, brachte er schließlich heraus. »Sie hörte immer gerne zu, wie sich das Wasser über die Felsen ergoss, wenn es unsere Berghänge herunterkam.«

Seine Worte jagten Devin Angst ein. Tully sprach so, als wäre Bree gestorben. Devin weigerte sich, Bree sterben zu lassen, nicht einmal in seinen Gedanken. Doch was konnte er sagen? Was, wenn er Tully Hoffnungen machte, dass Bree zurückkommen würde, und die Hoffnung nie eintrat?

Plötzlich wandte sich Tully an Devin. »Dev, können wir das klären? Was kann ich tun?«

Eine Zeit lang besprachen sie verschiedene Pläne. Schließlich gaben sie auf. Keiner von beiden konnte sich einen Plan ausdenken, in dem Tully eine Rolle hatte.

Als Tully zu weinen begann, legte ihm Devin den Arm um die Schultern. »Tully, etwas muss ich dir noch sagen. Bree hat geweint, als sie deinen Namen hörte.«

◆ ◆ ◆

Es war spätabends, als sich die letzten Nachbarn verabschiedeten und Devin endlich mit seinen Eltern sprechen konnte. Da sein Vater ein Stammesfürst war, war ihre Hütte größer als die meisten. Auf einer Seite des großen offenen Raums verliefen hohe Wände fast bis zur Decke. Die Wände trennten eine Reihe kleiner Räume ab, jeder mit einem Bett darin. Keely war wieder in dem Zimmer, das sie als Sechsjährige kannte, doch nun teilte sie es mit Cara und Jen.

Aidan, Maureen und Devin zogen ihre niedrigen Bänke hervor und setzten sich vor das Feuer. In der stillen Nacht, die sie umgab, holte Devin tief Luft. »Als ich im Gefängnis war, habe ich geträumt, dass ich ein Torffeuer riechen konnte.«

Seine Mutter hatte dieselben Fragen wie Tully. War Bree verletzt? Was war mit ihr geschehen? Ging es ihr gut?

Und auch seiner Mutter und seinem Vater antwortete Devin in gleicher Weise. »Bree ist zäh, wisst ihr. Zäher als ich sie je eingeschätzt hätte.«

»Nicht zäh«, meinte seine Mutter. »Stark.«

»Ja, stark.« Devin lächelte.

»Stark im Herrn?«, fragte Aidan.

»Stark im Herrn. Was auch immer geschieht, Bree wird es gut gehen.«

Doch Aidan horchte bei seinen Worten auf. »Was auch immer geschieht? Was meinst du damit?«

Angst trat plötzlich in Maureens Augen. »Kommt Bree nicht nach Hause?«

Als Devin erklärte, was Bree getan hatte, um Keely und Lil freizukaufen, wurden seine Eltern still. »Du musst zurückgehen?«, fragte seine Mutter schließlich.

Ohne ein Wort herauszubringen, nickte Devin.

Aidans Zorn brach hervor. »Weshalb?«

Als Devin von Mikkels Versprechen erzählte, Bree nach einer Schiffsreise freizulassen, saßen seine Eltern niedergedrückt da. Lange starrten sie ins Feuer, bis die Stille zwischen ihnen beinahe unerträglich wurde.

Schließlich sprach seine Mutter. »Du kannst nicht zurückgehen, Devin.«

Als er sie ungläubig anstarrte, wiederholte sie: »Du kannst nicht zurückgehen.«

»Aber …« Devin blickte seinen Vater an.

In Aidans Augen las Devin dasselbe Bedauern. »Dieser Mikkel …«

Diesmal wusste Devin, wie die Frage lautete. »Ich weiß nicht warum, aber ich vertraue ihm, dass er sich um Bree kümmert.«

Doch Aidan O'Toole, der mächtige Stammesfürst der Wicklow Mountains, sprach aus langjähriger Erfahrung im Umgang mit Menschen. »Wenn du gehst und Mikkel seine Meinung ändert …« Aidan schnippte mit dem Finger. »Dann verlieren wir euch beide für immer.«

Devin wartete ab, wohl wissend, dass sein Vater die Wahrheit sagte.

»Du hast gesagt, dass Bree nicht verletzt worden ist …«

»Bisher.«

»Sie ist nicht verletzt worden.« Aidans Worte waren fest, doch sein Blick ruhte auf seiner Frau.

»Und wir alle wissen, dass Bree auf sich selbst aufpassen kann. Wenn sie es schaffen würde zu fliehen, könnte sie den Heimweg finden?«

»Mit der Hilfe des Herrn«, antwortete Devin.

»Aaah.« Zum ersten Mal, seitdem sie das Gespräch begonnen hatten, lächelte Aidan. »Du bist älter geworden, mein Sohn. Das Eisen des Herrn in dir ist geformt worden. Durch Schwierigkeiten geformt?«

Devin nickte, dankbar für die Worte seines Vaters. »In einer Schmiede geformt, wo ich Nieten für ein Wikingerschiff herstellen musste. In einem Erdloch geformt, in dem Gefängnis, in dem ich lebte. Aber vor allem geformt vom Wissen, dass Bree unserer Familie entrissen worden war. Ich muss zurückgehen.«

»Warum?«, fragte Aidan wie aus der Pistole geschossen.

»Wegen Mikkels Versprechen. Wenn ich dort bin, muss er meine Schwester freilassen.«

»Und wenn nicht?«

Devin schwieg. Er wollte nicht einmal daran denken. Wie konnte er mit sich selbst weiterleben, wenn er nicht zurückging? Wie konnte Bree weiterleben – immer im Warten, Bangen und Hoffen auf seine Rückkehr?

»Geh nicht zurück«, hatte Ingmar gesagt. »Vertraust du Mikkel?«

»Geh nicht wegen der Münzen zurück«, hatte Björn ihm gesagt. »Das ist es nicht wert.«

Geh nicht zurück. Die Worte schwirrten in Devins Kopf herum. *Geh nicht zurück.*

Devin blickte seinen Vater, dann seine Mutter an. »Wenn ich zurückgehe, muss ich Ingmars Schiff in Dublin vierzehn Tage, nachdem er mich abgesetzt hat, erreichen.«

»Also in zwölf Tagen«, sagte sein Vater.

Devin nickte. »Wenn Gott will, dass ich zurückgehe, wird er es euch zeigen.«

»Kommt, wir beten«, meinte Aidan.

Vor dem Feuer sitzend – seine Mutter auf der einen und sein Vater auf der anderen Seite – neigte Devin den Kopf. Doch sein Herz schlug nur für diesen einen Gedanken: *Ich muss zurückgehen. Ich muss Bree helfen.*

Wo ist Devin?

An jenem Abend begann Mikkel wieder Fragen zu stellen. Er und Sigurd saßen getrennt von den anderen, wo sie sprechen konnten, ohne belauscht zu werden. Als Bree ihnen das Essen servierte, wandte sich Sigurd an sie: »Was sagst *du* zu dem, was König Olaf tut?«

»Ich sage, was mein Vater mir beigebracht hat.« Es erschien Bree seltsam, dass ein so weiser Mann wie Sigurd sie, eine Sklavin, fragte, was sie dachte. Doch nun lehnte er sich vor, als wollte er es wirklich wissen.

»Und was hat dir dein Vater beigebracht?«

»Er sagte: ›Ich wurde in einem Augenblick Christ. Aber ich werde mein ganzes Leben damit verbringen, so leben zu lernen, wie Jesus gelebt hat.‹«

»Ja.« Sigurd blickte nachdenklich. »Genau das versuchte Gott mir zu zeigen, glaube ich. Er liebte mich, sogar bevor ich ihn kannte. Ich verstand jene Liebe nicht.«

Bei Sigurds Worten fiel Bree eine Frage ein, die sie schon lange mit sich herumtrug. »Warum hast du Mikkel nach einem mächtigen Fürsten benannt?«

Sigurd lächelte. »Weil ich möchte, dass er das wird. Als ich in Dublin Handel trieb, hörte ich von dem Michael in eurer Bibel.«

Mikkel blickte überrascht. »Ich bin nach einem Fürsten benannt?«

»Einem hochrangigen Engel«, erklärte Bree. »Der Fürst, der Gottes Volk beschützt.«

Doch das schien Mikkel nicht zu erfreuen. »Der Gottes Volk beschützt? Das ist nicht meine Aufgabe«, sagte er seinem Vater. »Warum willst du, dass ich das tue?«

»Das kannst du nicht allein.« Sigurd wandte sich an Bree. »Stimmt es, dass dein Jesus nicht nur ein König, sondern auch ein Diener war?«

Sigurds Augen blitzten schelmisch. Als Bree zustimmend nickte, hätte sie am liebsten laut herausgelacht. Doch ein Blick auf Mikkel sagte ihr, dass es weiser war, diesen Impuls zu unterdrücken.

Dann erklärte Sigurd Mikkel: »König Olaf hat mich gebeten, eine Zeit bei ihm zu bleiben. Ihr müsst ohne mich nach Island segeln.«

Mikkel starrte seinen Vater an. »Wir hatten vor, gemeinsam zu fahren.«

»Ich bin auch enttäuscht. Sobald ich ablegen kann, versuche ich euch zu finden.«

Plötzlich war Bree erleichtert. Vielleicht kamen sie trotzdem noch rechtzeitig, um Dev zu treffen. Falls nicht, würde sie ihn vielleicht nie finden.

Mikkel sah aufgebracht aus. Er segelte gerne mit seinem Vater zusammen. Auf dem Meer war es außerdem sicherer, mehr als *ein* Schiff zu haben. Doch nun?

»Sei am Morgen der Erste, der den Hafen verlässt«, befahl ihm Sigurd.

»Warum?«

Sigurd blickte seinem Sohn in die Augen und warf einen flüchtigen Blick auf Bree. »Mach alles heute Abend bereit«, sagte er Mikkel. »Lass am Morgen keine Zeit unnötig verstreichen.«

Bei seinen Worten fühlte sich Bree unwohl. Hatte Sigurd von irgendjemandem erfahren, was sie über König Olaf gesagt hatte?

Mikkel stellte keine weiteren Fragen mehr. Als er sich verabschiedete, stand Mikkel aufrecht und entschlossen vor seinem Vater. Bei Mikkels Anblick versuchte Bree sich selbst zu überzeugen, dass er keine Angst hatte, diese Reise allein zu führen. Seine Schultern waren gestrafft, sein Kopf war hocherhoben und der Mut in seinem Herzen schien aus seinem Gesicht zu leuchten. Aber da war irgendetwas ...

Was ist es?, fragte sich Bree. *Was ist es?*

Dann sagte Sigurd noch etwas zu Mikkel. »Du musst Bree nach Hause bringen. Tu, was du kannst, um das Unrecht, das du verübt hast, in Ordnung zu bringen.«

Mikkels Gesichtsausdruck verhärtete sich, doch Sigurd wartete. Schließlich blickte Mikkel seinem Vater in die Augen und nickte.

»Briana«, sagte Sigurd, und Bree war überrascht, dass er ihren echten Namen kannte. »Wenn mehr von uns an den christlichen Gott glauben, werden die Raubzüge ein Ende nehmen.«

Bree starrte ihn an. Obwohl Sigurd immer weise war, schienen seine Worte zu schön, um wahr zu sein.

»Du weißt besser als wir alle, was das bedeutet«, fügte er an.

Als Bree nickte, hielt Sigurd ihrem Blick stand. »Das Leiden deines Volkes tut mir leid.«

In der nachfolgenden Stille blieb Mikkel reglos stehen und blickte seinem Vater nach, wie er wegging.

◆ ◆ ◆

Während ihres Aufenthalts in der Stadt des Königs hatte Bree erfahren, dass sich die Leute, die noch nördlicher wohnten, von Mitte Mai bis Juli ununterbrochenen Tageslichts erfreuten. Nun, in Nidaros, während der kurzen dämmrigen Stunden, in denen die Mitternachtssonne nicht so viel Licht gab, nahmen Mikkels Männer die Ruder auf.

Lautlos glitten sie aus dem Hafen und den sich windenden Fluss hinunter. In den ruhigen Stunden des sehr frühen Morgens ruderten sie durch einen Kanal in die Norwegische See.

Wind blähte das Segel auf, und Bree sah, wie Mikkel tief durchatmete. Doch an jenem ganzen Tag und am darauffolgenden drehte er sich oft um, um die hinter ihnen liegende See sehr genau zu studieren.

Als die *Eroberung* zwischen einer Reihe felsiger Inseln und dem höheren Land der Küste hindurchfuhr, wusste Bree, wo sie war. Schon bald verbreiterte sich das Wasser zu einer großen offenen

Fläche, die von sieben Bergen umgeben wurde. Dort sollten sie Devin treffen.

Mikkels Männer zogen das Schiff an Land und Bree kletterte sofort von Bord, um sich umzuschauen. Nolas Blick traf ihren. Beide wussten, wie sehr die Iren hier gelitten hatten. Als sie frisch entführt worden waren, hatten sie sich alle gefragt, was vor ihnen läge. Wo sie hinkämen. Wie man sie behandeln würde.

»Ich hätte nie gedacht, dass ich je wieder hierherkomme«, flüsterte Bree.

»Ich auch nicht. Sieht noch genau gleich aus hier.«

Doch für Bree nicht. Als sie den Blick hob, hatte sie das Gefühl, als kennte sie jeden Fleck an dem steilen Berghang.

»Nola«, fragte sie. »Hast du Garth auf der Reise von Irland kennengelernt?«

Nola schüttelte den Kopf. »Er war nicht dabei. Er hätte Mikkel daran gehindert, den Raubzug durchzuführen.«

Bree seufzte. Von ganzem Herzen wünschte sie, dass Garth dabei gewesen wäre. Aber die Sache beschäftigte sie auch wegen etwas anderem.

Komisch, dachte sie. Warum hatte sie das Gefühl, dass sie Garth und Hammer schon begegnet war, bevor sie die beiden beim Bauernhaus sah?

»Dein Bruder wird kommen«, sagte Nola nun. »Ihr werdet zusammen sein.« Einen Augenblick lang ruhte Nolas Blick auf ihrem Mann.

»Du bist glücklich, nicht wahr?« Bree wollte noch mehr fragen, doch Mikkel rief ihr etwas zu.

»Devin ist nicht da!«

Bree hatte bereits ein Handelsschiff nach dem anderen abgesucht, in der Hoffnung, Ingmar zu finden. »Sie sind einfach ein wenig verspätet«, antwortete sie Mikkel.

Doch am nächsten Morgen war Devin auch nicht da. Den ganzen Tag und bis zum Abend war er nicht da. Auch an den darauffolgenden Tagen kam ihr Bruder nicht.

Am vierten Morgen, als es über den östlichen Bergen langsam hell wurde, betrachtete Bree die Spiegelung im Wasser. Dann wusch sich Bree das Gesicht, kämmte sich das Haar und strich sich die Falten aus den Kleidern. Doch nichts konnte die Falten in ihrem mutlosen Herzen glätten.

»Bitte, Gott«, betete sie erneut. »Bitte führe Dev hierher.«

»Es tut mir leid, Bree«, sagte Mikkel an diesem Morgen. »Es bleibt uns keine andere Wahl. Wir müssen ablegen.«

»Dev kommt bestimmt«, erwiderte Bree. »Ich weiß, dass er kommt.«

»Vielleicht hat er sich entschieden, nicht zurückzukommen.«

Bree wandte den Blick ab, unfähig, diese Möglichkeit ins Auge zu fassen. *Was, wenn Dev Ingmars Schiff nicht rechtzeitig erreicht hatte? Was, wenn ihre Eltern gesagt hatten, dass das Risiko zu groß war? Oder noch schlimmer, was, wenn Ingmars Schiff auf hoher See untergegangen war?*

»Können wir nicht wenigsten *einen* weiteren Tag warten?«, fragte Bree.

Als Mikkel den Kopf schüttelte, waren seine Augen freundlich, doch seine Worte dieselben. »Wir könnten unendlich lange warten, ohne dass er kommt.«

»Aber was, wenn er kommt, und wir sind nicht hier? Dann sehe ich Dev vielleicht nie wieder.«

»Das stimmt. Es tut mir leid für dich.«

Mikkel wandte sich an Nola. »Packt alles zusammen. Wir legen sofort ab.«

Raschen Schrittes ging Mikkel zu seinem Zelt hinüber. Schneller als es Bree für möglich gehalten hatte, brach er es ab. Die *Eroberung* war zur Abfahrt bereit, bevor Bree glauben konnte, dass sie wirklich aufbrachen.

Als die Männer das Schiff vom Ufer stießen, stand Bree am Heck und wandte dem riesigen Drachenkopf am Bug den Rücken zu. An einer westlichen Insel nach der anderen segelten sie vorüber. Und dann drehte sich Bree um. Nun blickte sie in Richtung des Drachenkopfes und der offenen See.

Der Traum

Ein Tag folgte auf den nächsten, und Devin wurde innerlich immer unruhiger. Jedes Mal, wenn er von seinen Eltern gefragt wurde, versuchte er ihnen zu versichern, dass es Bree gut ging. Er wollte nicht, dass sich seine Eltern Sorgen machten. Doch er wollte auch, dass seine Eltern verstanden, dass Bree seine Hilfe benötigte.

Jeden Tag kam Tully vorbei oder Devin besuchte Tully zu Hause. Doch Devin wusste, dass keiner der Pläne, die sie besprochen hatten, richtig war. Sosehr Tully Bree retten wollte, es war allein Devin, der Mikkels Vertrauen gewonnen hatte. Er allein wusste auch, wie leicht Mikkel seine Meinung und somit auch Brees Leben ändern konnte.

Am zehnten Tag packte Devin alles, was er für die Reise benötigte, in eine Stofftasche. Am elften Tag sprach er mit seinem Vater, als seine Mutter nicht dabei war. »Wenn ich nicht bald aufbreche, verpasse ich Ingmars Schiff.«

»Ist er ein vertrauenswürdiger Wikinger?«, fragte Aidan mindestens zum fünfzehnten Mal.

»Ein Norweger, dem ich vertraue«, antwortete Devin. »Er ist ein netter junger Mann. Er ist wie Björn, der nordländische Schuster, der mit dir Handel treibt.«

Am Abend des elften Tages ging Devin voller Verzweiflung zu Bett. Selbst wenn er so schnell wie möglich rannte, konnte er es nur äußerst knapp schaffen. Wenn er nicht vor dem ersten Tageslicht aufbrach …«

Unruhigen Herzens schlief Devin ein, betend. Ein Schluchzen weckte ihn mitten in der Nacht. Erst verstand Devin nicht, was er hörte. Dann erkannte er, dass das Schluchzen aus dem Raum seiner Eltern kam.

Devin zog sich schnell an und ging zum Herd hinaus. Die Gluten waren von Asche bedeckt, doch Devin spürte ihre Wärme immer noch. Er zog eine Bank heran, wartete und betete. Schließlich öffnete sich die Tür zum Raum seiner Eltern.

»Ich habe mir gedacht, dass ich dich hier antreffen würde«, meinte sein Vater.

Als er Devins Mutter herausführte, hatte diese sich in eine Decke geschmiegt. Devin merkte bald, dass sie sich nicht versteckte, sondern dass sie Kraft zum Reden sammelte.

»Ich habe diese Nacht geträumt«, sagte sie, als sie einen weiteren Schemel nahm. »Der Traum hat mir Angst gemacht, denn ich habe Bree in einem großen Wikingerschiff gesehen. Der Wind blähte das Segel voll auf und die Wellen stiegen hoch auf um die Reling. Die Dunkelheit um sie herum war groß, doch Bree stand am Bug des Schiffes. Ein in Weiß gekleideter Mann stand neben ihr.

Ich habe geschrien, da ich mich vor dem Sturm, den Wellen und der Dunkelheit fürchtete. Ich hatte

Angst um Bree. Doch dann verschwand die Dunkelheit und das weiße Gewand des Mannes wurde von Licht erhellt. Worte, die ich vor langer Zeit gehört habe, fielen mir ein. *›Seid guten Mutes‹*, sagte er. *›Ich bin es. Fürchtet euch nicht.‹*

Als ich aufhörte zu weinen, spürte ich etwas anderes. Hat Gott Bree dazu berufen, ein Licht für die Nationen zu sein?«

Als Devin nicht antworten konnte, fuhr seine Mutter fort. »Dann verblasste das Licht. Der Mann in Weiß war weggegangen, doch du, Devin, standst neben Bree.«

Einen Augenblick hielt seine Mutter inne und schob ihr rotblondes Haar zurück, das die gleiche Farbe hatte wie Brees Haar. Dann sprach sie weiter.

»Du musst gehen, Devin. Ich verstehe nicht warum, aber ich weiß, dass du bei ihr sein musst. Und eines Tages werdet ihr zusammen nach Hause kommen.«

Devin starrte seine Mutter an. »Ihr gebt mir die Erlaubnis zu gehen?«

»Geh zu Bree«, antwortete sein Vater. »Finde sie. Bleib bei ihr. Hilf ihr.«

»Aber es könnte sehr lange dauern, bis wir zurückkommen.«

»Das wissen wir. Gott wird uns durch den Frieden in unseren Herzen wissen lassen, wie es euch geht.«

Devin stand auf und umarmte seine Mutter. »Geh nicht, ohne dich von den anderen zu verabschieden«, ermahnte sie ihn.

Gemeinsam gingen die drei in jeden Raum. Adam wachte schnell auf, doch die anderen waren schläfriger. Aber alle verstanden, was vor sich ging. Am Morgen würde Devin weg sein. Und es wäre ein langer Abschied.

Wale!

Mikkels Schiff segelte gerade an der äußersten Insel vorbei, da hörte Bree es. Zuerst dachte sie, sie bilde sich die Musik nur ein.

Eine Panflöte.

Schon einmal hatte Bree jenen hohen, klaren Ton gehört, als sie dachte, dass alles verloren sei. Nun, mit klopfendem Herzen, drehte sich Bree ruckartig um.

Dort war es. Ein Schiff, das immer größer wurde. Ein mächtiges, vom Wind erfülltes Segel kam mit maximaler Geschwindigkeit auf sie zu. Ein Schiff, auf dem jemand die hellen, raschen Noten eines irischen Lieds spielte. Ein Lied, das Bree verriet, dass ihr Bruder kam.

»Mikkel!«, schrie sie. »Er ist hier!«

Mikkel hatte bereits angeordnet, dass die Segel heruntergelassen werden sollten. Die Männer nahmen an den Rudern Platz und fuhren Ingmars Schiff entgegen. Bree eilte nach vorn. Unter dem Drachenkopf stand sie, während ihr Tränen die Wangen hinunterliefen. Erst als Mikkel Devin zurief, wischte sich Bree das Gesicht ab.

Als Ingmars Schiff neben sie fuhr, streckten die Männer die Arme aus und hielten die zwei Schiffe beieinander. Neben Devin stand Ingmar, klopfte ihm auf die Schulter und richtete seine Abschiedsworte an ihn. Dann wandte er sich an Bree.

Er streckte die Hand aus und überbrückte den Abstand zwischen ihnen. Seine Augen waren von einem frohen Leuchten erfüllt. »Deine Schwester und deine Freundin sind wohlbehalten zu Hause«, verkündete er. »Aber dein Bruder hat sich geweigert, dort zu bleiben.«

Einen kurzen Moment blickte Ingmar Bree in die Augen. »Wenn ihr bereit seid heimzukehren, werde ich dich und Devin nach Dublin bringen.«

»Nein!«, widersprach Mikkel heftig. »Du bringst sie *nicht* nach Irland!«

Bree wandte sich rasch um. Als sie die Wut in Mikkels Augen sah, spürte sie ihre eigene Wut. »Du hast versprochen, ich könnte nach Hause gehen!«

»Ich habe versprochen, dass ich dich freilassen würde. Ich habe nicht versprochen, dass Ingmar euch nach Hause bringen würde.«

Darauf wandte sich Mikkel rasch an Devin: »Deine Seekiste?«

Männer gaben sie weiter und stellten sie in Mikkels Schiff ab.

»Bist du bereit?« Mikkel blickte Devin in die Augen, doch seine Worte waren eine Herausforderung.

»Ich bin bereit«, antwortete Devin, und das kämpferische Blitzen in seinen Augen gab Mikkel nicht nach. »Ich bin bereit, wenn du Bree und mich fair behandelst.«

Mikkel richtete sich zu seiner vollen Größe auf. »Ich bin Mikkel, der Sohn Sigurds, des mächtigen Häuptlings des Aurlandsfjords.«

»Und ich bin Devin O'Toole, Sohn …«

Zu Brees Überraschung hielt ihr Bruder mitten im Satz inne. Dann fiel ihr ein, dass sie sich selbst am genau gleichen Punkt zurückhielt, so abrupt, als ob ihr jemand die Hand auf den Mund legte, damit sie Mikkel nicht verriet, dass sie die Tochter eines mächtigen Stammesfürsten war.

Dann streckte Bree die Hand aus, und der Augenblick war verstrichen. Doch Devin benötigte Brees Hilfe nicht. Allein sprang er von einem Schiff zum anderen. So sicher wie ein langjähriger Seemann landete er auf dem Deck von Mikkels Schiff.

Rasch drehte er sich zu Ingmar zurück. »Hunderttausendmal danke!«, rief er. »Und wenn du nach Irland zurückkommst …«

Ingmar nickte, als wüsste er bereits, wie der Satz endete. Einen Augenblick lang schaute er Bree an. Als sich ihre Blicke trafen, lächelte sie ihm dankbar zu. Dann gab Ingmar den Befehl zur Weiterfahrt.

◆ ◆ ◆

»Tully ist außer sich«, erzählte Devin Bree, als sie miteinander sprechen konnten. Den ganzen Tag lang und während der Abendstunden kam die *Eroberung* gut voran über den Nordatlantik. Nun, in den wenigen dunklen Stunden, saßen Bree und ihr Bruder am Heck und sprachen so schnell, dass sie zwischen den Worten kaum Luft holen konnten.

Dev begann damit, dass er Bree von ihren Eltern erzählte. »Mutter?«, hatte Bree gefragt.

»Sie konnte es kaum glauben, als sie Keely den Pfad heraufkommen sah. Mutter hat die Hoffnung nie aufgegeben, dass sie Keely wiedersehen würde, nicht einmal, nachdem du entführt worden bist. Die ganze Zeit, während der ich zu Hause war, sagte sie immer wieder: ›Und wenn das kein Wunder direkt aus der Hand Gottes ist, dass Keely wiedergefunden wurde.‹«

Bree lächelte. »Und Vater?«

»Er nahm Keely in die Arme, tanzte mit ihr um die Hütte und den Hof herum. Als er mich schließlich bemerkte, schloss er mich fest in die Arme, wie es seine Art ist. Erst als Keely und ich schon bald erstickten, ließ er uns endlich los.«

Gemeinsam gingen sie jedes Familienmitglied durch – Adam, Cara und Jen. Sie waren nun alle beinahe ein Jahr älter. Als Devin erzählte, wie sie sich alle fragten, wie es Bree erging, wurde Bree still.

»Was wollten sie wissen?«, fragte sie.

»Wo du wohnst, wie dein Leben aussieht, wie du von den Leuten behandelt wirst.«

»Ja, genau, das passt zu ihnen.«

»Und Mutter hat oft gefragt: ›Wie sieht es in ihrem Innern aus? Ist sie glücklich?‹«

Bree lächelte. »So ist sie, Mutter.« Bree wartete, da sie ohne Worte wusste, dass Devin als Nächstes von ihrem Vater erzählen würde.

Als Devin weitersprach, klang er wie sein Vater. »Er sagte: ›Und was glaubt Bree nun in Bezug auf Gott?‹«

Bree lachte über Devs Tonfall. Gerade ihr Vater hatte der Kirche und alles, was Gott betraf, einst den Rücken zugekehrt. Gerade wegen ihres Vaters verstand Bree Mikkel und seine Fragen.

»Und, mein werter Bruder, was hast du Vater geantwortet? Was hast du gesagt, dass ich glaube?«

»Dass du dich zuerst gefragt hast, warum Gott dich nicht beschützt hat.« Devin sprach leiser. »Du hast dich gefragt, warum Gott es zugelassen hat, dass du von den Wikingern entführt wurdest.«

Auf einmal warf Devin einen Blick dorthin, wo Mikkel stand, die Hand an der Ruderpinne, den Blick in die Ferne. Für Bree sah es so aus, als stünden Mikkels Ohren weit ab.

»Und dann«, fuhr Devin mit noch leiserer Stimme fort, »habe ich ihnen gesagt, was du mir gesagt hast. Dass du den Grund langsam verstanden hast.«

In der Dunkelheit wartete Bree immer noch darauf, von einer weiteren Person zu hören.

»Tully ist außer sich«, sagte Dev wieder. »Er vermisst dich. Er will, dass du nach Hause kommst.«

»Ich will nach Hause.« Brees Sehnsucht schwang in ihrer Stimme mit.

◆ ◆ ◆

Mehr als einmal meldete ihnen Mikkel, dass sie gut vorwärtskamen. Wenn alles so weiterging, würden sie die Überfahrt nach Island in drei oder vier Tagen schaffen.

»Gut«, meinte Bree zu Mikkel. »Wenn du deine Baumstämme verkaufst, können wir nach Hause fahren.«

Sie konnte kaum glauben, dass ihre Zeit der Sklaverei beinahe vorüber war. Sosehr ihr das Segeln gefiel, dachte sie doch oft an Mikkels Versprechen.

Stundenlang stand er am Bug und blickte nach vorn. In der Nacht war er meistens derjenige, der das Steuer übernahm. Oft lächelte er – öfter als es Bree je zuvor gesehen hatte. Es war, als ob Mikkel wüsste, dass er dafür gemacht war, der Befehlshaber eines Schiffes zu sein. Außerdem liebte er dieses Schiff, in dessen Bau er so viel investiert hatte. Jedes Mal, wenn Mikkel mit der Hand über die Reling fuhr, glänzten seine Augen voller Stolz.

Devin war nicht viel besser. Den ganzen Winter über hatte er in der Schmiede auf dem Bauernhof gearbeitet. Monatelang hatte er Eisenstücke mit dem Hammer bearbeitet und unzählige Nieten, welche die überlappenden Schiffsbretter zusammenhielten, hergestellt. Nun beugte sich Devin oft über die Reling und blickte eine Niete im gleißenden Sonnenlicht prüfend an.

Im weiten Nordatlantik schien sie nichts vom fernen Horizont zu trennen. Bree war nicht mehr wütend, dass sie von zu Hause entführt worden war. Ja, ihren Wunsch, zurückzukehren, würde sie nie aufgeben. Doch in seltsamer Weise erfüllte Gott gerade ihren lebenslangen Wunsch, das zu sehen, was hinter den Bergen und der Irischen See lag.

Bree hätte sich nie träumen lassen, dass Gott sie auf diese Weise reisen lassen würde. Nachdem sie eine Sklavin geworden war, hatte sie ihm regelmäßig geklagt, dass sie nicht verstand, was er da tat. Nun hatte sie begonnen zu fragen: *Wie kann ich Teil deines Plans sein? Gibst du mir ein mutiges Herz für das, was ich nach deinem Willen tun soll?*

◆ ◆ ◆

Eines Morgens, als Bree an Deck des Wikingerschiffs lag, wurde sie vom Geschrei von Seevögeln geweckt. Als ihr Festlandsgerüche in die Nase stiegen, dachte sie nicht mehr an all die geheimnisvollen Vorkommnisse, die nie geklärt worden waren. Die mit Meereswasser verdorbene Fischsuppe. Der Hund Shadow, der freigelassen worden war, um ins Haus des Königs einzudringen. Der Grund, weshalb Sigurd wollte, dass sie Nidaros beinahe fluchtartig verließen.

Doch etwas Unausgesprochenes und Ungelöstes lag immer zwischen Bree und Devin einerseits und Mikkel andererseits. Alle wussten von den Edelsteinen des Klosters, und Bree fragte sich oft, ob es nicht Männer gab, die sie stehlen wollten. Bestimmt würde Mikkel die Edelsteine mitnehmen, um damit Handel zu treiben, wenn sich eine Gelegenheit bot. Doch nur Bree und Devin wussten von den Münzen, die Sigurds Freund gestohlen worden waren. Wo hatte Mikkel seinen Schatz bloß verstecken können?

Schon bald erspähte der Ausguck hoch auf dem Mast Land. Nach kurzer Zeit war zu ihrer Rechten ein schmaler Landstreifen zu sehen, während die *Eroberung* weitersegelte. Da rief Devin Bree zu: »Schau!«

Als Bree nach vorne schaute, erblickte sie backbord, also auf der linken Seite des Schiffs, eine lange, schwarze Silhouette. Dann sah sie eine große Wasserfontäne.

»Da bläst er!«, rief einer der Männer. Im nächsten Augenblick tauchte der Wal tief unter die Oberfläche ab.

Schon bald tauchten mehr Wale auf, näher am Schiff. Im Sonnenlicht glänzte das Wasser auf ihren großen langen Rücken. Mehrmals bewegte sich eine große Schwanzflosse nach oben und dann nach unten, sodass sich der Wal schnell durchs Wasser bewegte. Bree spürte die Aufregung, die alle auf dem Schiff ergriff.

Dann, als Bree einen Blick auf Mikkel warf, bemerkte sie noch etwas anderes. Auch er blickte angestrengt nach vorne, doch sein Gesichtsausdruck war ernst und seine Augen wachsam, während er die Wasseroberfläche absuchte.

Fünf oder sechs Wale waren in Sicht. Einige schwammen ruhig. Andere wurden von weißen Schaumkrönchen und aufgewühlten Wellen umgeben.

Unruhige Gedanken schlichen sich in Brees Kopf und gleich darauf in ihr Herz. *Was, wenn …?*, fragte sie sich. *Was, wenn …?*

Bisher war ihr die *Eroberung* groß vorgekommen. Im Vergleich zu den Walen jedoch sah das Schiff auf einmal sehr klein aus. Bree ging die Reling entlang, bis sie neben ihrem Bruder stand.

»Bleib in der Nähe«, warnte er. »Sieh zu, dass wir durch nichts getrennt werden.«

Devin hatte die Worte kaum ausgesprochen, da waren die Wale auch schon weg. Als sich das Wasser legte, war Bree erleichtert.

◆ ◆ ◆

Bald sind wir in Island, sagte Bree zu sich selbst, als die Sonne ein orangegoldenes Licht auf das Wasser warf. Die Reise war gut verlaufen. In einigen Tagen würde Mikkel die Baumstämme verkauft haben, die in der Mitte des Schiffs gelagert waren. Sie lagen auf beiden Seiten des Masts und waren sicher vertäut.

Schon bald würden sie und Devin den Heimweg antreten können. Als Bree ihren Schlafsack in der Nähe des Hecks ausbreitete, war sie froh.

In den wenigen kurzen Stunden der Dunkelheit wälzte sich Bree im Schlaf. Was hatte sie geweckt? Da nahm Bree eine Bewegung wahr. Sie stützte sich auf den Ellbogen und blickte sich um, ohne jedoch etwas Verdächtiges zu bemerken.

Der Mann an der Ruderpinne hatte sich nach Steuerbord, der rechten Seite des Schiffs, gewandt. Als er in Richtung Land blickte, war alles still. So legte sich Bree erneut hin und schlief augenblicklich wieder ein.

Am Morgen erschien backbord ein Grauwal. Zu ihrer Überraschung blieb der Wal in der Nähe des Schiffs, als wäre er neugierig und nicht ängstlich.

Erst dachte Bree, der Wal sei allein. Dann kam Devin und stand mit ihr an der Reling.

»Siehst du das Kalb bei seiner Mutter?«, fragte er. »Ingmar hat mir gesagt, dass eine frischgebackene Mutter oft hinter den anderen herschwimmt. Sie muss langsamer schwimmen, damit ihr Kalb mithalten kann.«

Der kleine Wal schwamm ganz nah an der Seite seiner Mutter. Erst genoss es Bree, sie zu beobachten. Dann bemerkte sie einen weiteren Wal, der sich leise von hinten näherte. Er war oben schwarz und glänzend und unten weiß. Seine Rückenflosse stand hoch im Wasser.

Auf einmal schwamm die Mutter schneller. Doch der schwarze Wal kam immer näher, und weitere schwarz-weiße Wale schlossen sich ihm an. Dann versuchten sie, zwischen die Mutter und ihr Kalb zu gelangen.

Panikerfüllt schlug die Mutter mit ihrer großen Schwanzflosse voller Wucht aufs Wasser. Das Schiff wurde von einer Welle erfasst und neigte sich stark nach rechts.

Brees Herz schlug wie wild, während sie sich an die Reling klammerte. Da hielt Devin Bree fest. Mit ineinander verschlungenen Armen hielten sie sich verzweifelt an der Reling und aneinander fest.

Plötzlich löste sich ein Baumstamm von der Stelle, wo er festgemacht war. Ein Stamm nach dem anderen knallte mit voller Wucht an die Steuerbordseite. Als sich das Schiff noch mehr gegen Steuerbord neigte, kamen noch mehr Baumstämme ins Rollen und flogen über die Seekisten. Fässer, Tonnen und Kisten folgten den Baumstämmen ins Meer.

Männer sprangen auf, um das Schiff im Gleichgewicht zu halten, doch es war zu spät. Im nächsten Augenblick schrie jemand: »Männer über Bord!«

Das Deck neigte sich fast in die Senkrechte. Bree klammerte sich an die Reling und an ihr Leben. Als noch mehr Baumstämme hinausfielen, schaukelte das Schiff gefährlich hin und her. Nochmals schwankte es, dann richtete es sich wieder auf.

Backbord vom Mast lagen immer noch Baumstämme. Sobald sich das Schiff stabilisierte, eilten Devin und Bree auf die andere Seite. Im Wasser um sie herum schaukelten Seekisten und Baumstämme, Fässer und alles andere, das nicht sank, auf der Oberfläche. In der Nähe des Schiffs schlugen zwei Männer wie wild aufs Wasser, und Bree bemerkte sofort, dass sie gar nicht schwimmen konnten.

Als Devin ein mit einem Brett beschwertes Seil auswarf, konnte es einer der Männer fassen. Ein zweites Seil flog dem anderen Mann zu und beide wurden hereingezogen.

Eins, zwei, drei, vier? Fünf Personen, dachte Bree.

Die Ruderer ruderten verzweifelt, um einen weiter entfernten Mann zu erreichen. Hände streckten sich nach ihm aus und zogen ihn an Bord. Zwei weitere Männer, die sich an Baumstämmen festhielten, wurden zuletzt gerettet.

Dann bemerkte Bree Mikkel. Das Wasser war immer noch voller Gegenstände, die über Bord gegangen waren, doch Mikkel zählte erst seine Männer. »Fehlt irgendwer?«, fragte er.

Mit klappernden Zähnen wickelten sich die geretteten Männer in Decken. Als alle gezählt worden waren, ging Mikkel zur Schiffsmitte. Dort hob er die Walrosshautseile auf, mit denen die Baumstämme befestigt worden waren.

Beim Anblick von Mikkels Gesicht zitterte Bree. Weder die verdorbene Suppe noch der freigelassene Shadow beschäftigte sie mehr. Zweifellos war sich Mikkel sicher, dass dies kein Unfall gewesen war. Wer hasste ihn so sehr, dass er so etwas Schreckliches tun würde?

Mit vereinten Kräften fischten die Männer eine Seekiste nach der anderen aus dem Wasser. Dann waren die Fässer und Tonnen an der Reihe. Schließlich bestimmte Mikkel: »Lasst die Baumstämme an Land gespült werden.«

Als sich die *Eroberung* dem Land näherte, begegnete ihnen ein anderes Schiff. Mikkel erkannte seinen Kapitän. »Leif Erikson!«

»Wir helfen euch!«, rief Leif ihnen zu, als er erkannte, was geschehen war. Gemeinsam sammelten die beiden Besatzungen die Baumstämme ein und luden sie wieder auf die *Eroberung*.

Mikkel erschien insgesamt ruhig, doch sein Auge zuckte. Mikkel ließ seine Männer sich vor sich aufstellen und hielt dann die Seile hoch, mit denen die Baumstämme vertäut worden waren.

»Jemand hat sie durchtrennt«, sagte er. Mikkel blickte alle Besatzungsmitglieder einzeln an und wartete. Jeder Mann blickte ihm in die Augen.

»Ihr wisst, dass unser Schiff beinahe gekentert ist.« Mikkels ernste Worte trafen sie. »Ihr wisst, dass wir jede Person an Bord hätten verlieren können. Ich verlange von euch, die ihr unschuldig seid, den Schuldigen zu mir zu bringen.«

Land des Feuers und des Eises

»Komm«, sagte Leif zu Mikkel, als die *Eroberung* wieder segeltauglich war. »Ich zeige dir, wo ihr euer Schiff anlegen könnt.«

Leif führte sie in einen Hafen, wo viele Schiffe aus aller Welt vor Anker lagen. Nun lief die *Eroberung* in die isländische Siedlung Reykjanes ein, ohne Antworten auf die Fragen zu haben, bei denen es um Leben und Tod ging. Bree war zutiefst beunruhigt durch all die Vorkommnisse.

Salzwasser statt Quellwasser in der Suppe. Ein Hund, der freigelassen worden war, um ins Haus des Königs einzudringen. Sigurds Anweisung, schnell abzulegen. Und nun beinahe eine Totalkatastrophe. Wer auch immer die Probleme verursachte, die Person musste Teil der Besatzung sein. Welches Motiv hatte er?

Als Bree mit Devin sprach, fassten sie ihre Fragen so zusammen: *Wer will Mikkel schaden? Und weshalb?*

Bree wusste am besten, wie einfach es war, ihn zu hassen. Hatte sie nicht auch selbst einen Groll auf ihn gehegt? Immer wieder musste Bree lernen und üben zu vergeben. Gott wollte es. Nur so konnte sie mit dem Schmerz umgehen, den sie in sich trug, weil Mikkel den Raubzug hatte durchführen lassen, der sie von ihrer Familie trennte.

Nun verspürte Bree diesen Hass komischerweise nicht mehr. Das überraschte sie. *Habe ich oft genug vergeben, sodass es mich endlich nicht mehr schmerzt?* Doch sie verstand, warum jemand sich rächen wollen könnte.

»Wer auch immer das getan hat, hasst Mikkel sogar noch mehr, als ich ihn gehasst habe«, flüsterte sie Devin zu. »Aber du, Nola und ich sind die einzigen Iren auf dieser Reise. Wer hasst Mikkel so sehr, dass er alle, sich eingeschlossen, in Gefahr bringt?«

Devin fasste zusammen: »Kurz gesagt: Wer will Rache? Wenn wir das wissen, wissen wir, wer es ist.«

»Rache.« Bree schauderte.

»Etwas heimzahlen. Um jeden Preis. Worum es auch immer geht, es muss eine große Sache sein.«

Bree konnte sich nicht vorstellen, was in jemandem vorging, der sein eigenes Leben aufs Spiel setzte, um sich rächen zu können. Von diesem Zeitpunkt an war sie so wachsam wie nie zuvor.

Sobald Mikkels Männer die *Eroberung* im Hafen verankert hatten, kam Leif herüber, um mit ihnen zu sprechen. »Warum kommst du nicht mit mir nach Grönland?«, fragte er Mikkel. »In unserem Land wächst kein Holz, aber wir brauchen es. Du würdest einen noch größeren Gewinn erzielen, wenn du deine Baumstämme dort verkaufen würdest.«

Leif hatte vor, dem *Althing*, der alljährlichen Zusammenkunft des isländischen Parlaments, beizuwohnen. Aus dem ganzen Land kamen die Leute hierher. Einige reisten zwei Wochen lang, damit sie an der Versammlung teilnehmen konnten. Falls Mikkel wartete, bis das *Althing* vorbei war, konnte er einfach Leif nach Hause folgen.

Als Mikkel mit Leif sprach, sank Brees Mut. »Nein!«, rief sie erst vor Devin und dann vor Mikkel aus.

»Du hast es versprochen«, sagte sie ihm, als Leif gegangen war. »Du hast versprochen, mich nach einer Reise freizulassen. Du hast gesagt, dass Dev und ich nach Hause fahren können. Und jetzt sprichst du davon, nach Grönland zu fahren?«

Mikkel grinste. »Denk mal nach, Bree. Ich kann wahrscheinlich doppelt so viel verdienen – vielleicht sogar drei- oder viermal so viel – einfach, indem ich die Baumstämme nach Grönland bringe. Aber ich denke immer noch über Leifs Vorschlag nach.«

Mikkels Zuversicht war zurück. Trotz seiner zurückhaltenden Worte war sich Bree sicher, dass er sich bereits entschieden hatte.

Mikkel ließ einige Männer zurück, die das Schiff, die Seekisten und das Holz bewachten, und machte sich mit anderen zusammen zum *Althing* auf. Bree und Devin gingen nicht weit von ihm entfernt.

An jenem Morgen im Juni war der Weg vom Hafen voller Menschen. Einige hatten das Glück, Pferd und Wagen zu besitzen, um ihre Verpflegung und ihr Zelt zu transportieren. Andere trugen ihre Habseligkeiten auf dem Rücken. Doch Bree bemerkte bald, dass das *Althing* auch eine Versammlung der Reichen sowie von Leuten aus anderen Ländern war.

Seit seiner ersten Jahresversammlung im Jahr 930 tagte das *Althing* jedes Jahr auf dem *Thingvellir*. Die diesjährige Zusammenkunft des nationalen Parlaments war von besonderer Wichtigkeit, denn in einer wichtigen Angelegenheit hatten sich zwei verfeindete Lager gebildet.

Im Vorübergehen schnappte Bree Gesprächsfetzen auf. Aus der Nähe hörte sie zwei Männer, die das Problem von der jeweils entgegengesetzten Seite betrachteten.

Ein Mann gehörte zu denjenigen, welche die Religion des Königs von Norwegen annehmen wollten. Unzählige isländische Siedler waren ursprünglich von dort. Viele waren immer noch dort verwurzelt und hatten enge Beziehungen zu Familie und Freunden.

Und wäre es nicht ein wirtschaftlicher Vorteil, das Christentum anzunehmen? Hatte König Olaf nicht selbst versprochen, dass er den Handel stärken würde, falls Island ein christliches Land würde? Außerdem gab es bereits viele, die diesen Glauben übernommen hatten und daran festhielten. Wikinger mit irischen Frauen hatten ihren starken Glauben nach Island gebracht.

Der andere Mann weigerte sich, seine heidnische Religion und damit auch seinen Glauben an seinen Lieblingsgott Thor aufzugeben. »Wie kann ich alles, was ich über Odin und die anderen Götter glaube, einfach verwerfen?«, fragte er. »Würde ich nicht ihren Zorn auf mich bringen?«

Als die Diskussion hitziger wurde, sprachen die Männer lauter. Bree bat Mikkel um eine Erklärung.

»Sie sagen: ›Ihr seid außerhalb des Rechts für mich.‹« Mikkel sprach so leise, dass nur sie und Devin es hören konnten.

»Sie sind außerhalb des Rechts?«, fragte Bree. »Was meinen sie damit?«

»Es ist, als würden sie sagen: ›Du tust etwas, das gegen das Gesetz verstößt.‹ Island ist ein Gemeinwesen – ein selbstverwalteter freier Staat mit Führern, die Entscheide zum Wohle des Volkes fällen. Aber nun wollen die Leute aus den verschiedenen Lagern getrennte Wege gehen. Wenn diese Diskussionen nicht aufhören, gibt es Bürgerkrieg.«

Inzwischen waren die zwei Männer so wütend, dass Bree sich fragte, ob sie ihre Diskussion mit den Fäusten austragen würden. Dann fragte einer der Männer: »Du sagst, dass hochrangige Christen deinem Sohn bei König Olaf geholfen haben, obwohl die Christen nicht dasselbe wie du und dein Sohn glauben?«

Als der Vater nickte, wurden beide still.

◆ ◆ ◆

Als sich Bree, Devin und andere Männer von der *Eroberung* der großen offenen Fläche näherten, die man *Thingvellir* nannte, wurde der Pfad immer gedrängter. Doch auf der weiten Ebene verspürte Bree eine innere Ruhe.

Das überraschte Bree, denn überall um sie herum sprachen Leute miteinander. Trotzdem nahm Bree die stille Schönheit der hohen dunklen Säulen aus gehärteter Lava wahr. Bree sog das satte Blau des Sees und des Flusses, der sich durch das Tal schlängelte, in sich ein. Am Horizont sah man schneebedeckte Berge.

Einige Leute hatten Kabinen – kleine Häuser aus Stein und Torf mit einem Stoffdach. Bree vermutete, dass viele der reichen Leute diese Häuschen jedes Jahr wieder nutzten. Andere trugen Bretter und Stoff, um ein Zelt aufzustellen. Wieder andere breiteten ein Tuch am Boden aus, schlüpften in ihre Schlafsäcke oder bedeckten sich mit einem Mantel.

Wo Bree auch hinschaute, sah sie Leute, die zur hohen, grasbedeckten Fläche namens *Lögberg* (»Gesetzesfels«) blickten. Dort stand der *Althing*-Graf. Jedes Jahr trug er ein Drittel der Gesetze auswendig vor, während die Leute, die an den Hängen saßen, zuhörten und lernten.

Als die wichtigste Angelegenheit angesprochen wurde, erhob sich ein Redner nach dem anderen und äußerte seine Bedenken. Mit den Tagen verhärteten sich die Fronten. Auf der einen Seite standen die Christen, auf der anderen Seite diejenigen, die an die nordischen Götter glaubten.

Die Meinungen der beiden Seiten waren offensichtlich von starken Empfindungen geprägt. Die Diskussion der zwei Männer auf dem Weg, die Bree unfreiwillig mitgehört hatte, war ein Spiegelbild davon gewesen. Die allgemeine Stimmung begann sich aufzuheizen. Bree sah den Zorn der Menge – und der machte ihr Angst.

Schließlich erhob sich ein Mann und sagte: »Gute Leute von Island, so können wir nicht weitermachen. Wenn wir uns nicht einigen, zerstören wir unser Land. Seit unserer ersten Versammlung im Jahr 930 haben wir unsere Streitigkeiten immer beigelegt. Ich schlage vor, dass wir einen Schlichter bestimmen – einen Mann, der von beiden Seiten respektiert wird, der uns eine Empfehlung abgibt.«

»Ja, genau, so machen wir Isländer das«, rief ein Mann in Brees Nähe aus.

»Aber wem können wir vertrauen?«, warf jemand anders ein.

Kurz darauf einigte sich die Versammlung. Thorgeir, der verfassungsmäßig gewählte *Althing*-Graf, wurde ausgewählt.

»Er wird unsere Partei ergreifen«, hörte Bree einen Mann sagen. »Er ist auch kein Christ.«

Doch der Mann neben ihm war gerade vom Gegenteil überzeugt. »Thorgeir hat gute Beziehungen zu Leuten, die Christen sind.«

Als der *Althing*-Graf auf dem hohen Felsen vor ihnen stand, sah Bree die Weisheit, die aus all seinen Worten sprach. »Wenn ich einen Entscheid fälle, werdet ihr euch daran halten?«, fragte Thorgeir.

»Ja! Ja!«, riefen die Häuptlinge.

Erneut blickte Thorgeir in die Runde. »Ihr werdet euch bestimmt an meine Entscheidung halten?«

»Ja! Ja!«, stimmten Häuptlinge aus beiden Lagern zu.

Ein drittes Mal fragte Thorgeir. »Ja!«, kam die Antwort noch lauter. Denn wie sonst konnten sie einen Bürgerkrieg abwenden, in dem die beiden Lager einander bekämpften?

Beide Seiten glaubten offensichtlich, dass ihre Position bestätigt würde.

Den Rest des Tages und die ganze Nacht lag Thorgeir unter seinem Mantel und verließ seine Kabine nicht.

In dieser Zeit suchte Leif Erikson Mikkel auf. Sie waren immer noch beisammen, als Thorgeir zum *Lögberg* zurückkehrte.

Erneut fragte der *Althing*-Graf die beiden Parteien, was sie tun würden. »Ihr, die ihr Odin wählt, werdet ihr euch an meine Entscheidung halten, wenn ich sie bekannt gebe?«

»Ja!«, bestätigten die Häuptlinge.

»Ihr, die ihr das Christentum wählt, werdet ihr euch an meine Entscheidung halten, wenn ich sie bekannt gebe?«

»Ja!«, kam das Versprechen.

Erneut blickte Thorgeir von einer Seite der großen Versammlung zur anderen. »Wisset!«, warnte er. »Wenn wir das Gesetz zerteilen, werden wir auch den Frieden zerteilen. Das wird sich als wahr erweisen.«

In der darauffolgenden Stille wartete Thorgeir. Als sich alle einig zu sein schienen, dass sie seine Entscheidung akzeptieren würden, sagte Thorgeir:

»Dann werde ich sprechen. Dies ist meine Entscheidung: Island soll ein christliches Land werden.«

Ein Lager jubelte. Das andere Lager war fassungslos.

Mitten in ihrer Erleichterung warf Bree einen Blick in Mikkels Richtung. Es war nicht schwer zu sehen, dass er wütend war. »Wie kann Thorgeir bloß eine solche Entscheidung treffen? Er verrät seine eigenen Überzeugungen.«

Doch Leif Erikson sagte leise: »Nein. Mein Vater hat mich die Wege Thors gelehrt und mich darin sehr gut unterwiesen. Doch vor diesem Hintergrund war es für mich nicht schwierig, Christ zu werden. Thorgeir weiß, was es bedeutet, so zu leben wie ich. Er ist ein weiser Mann und will das Beste für sein Volk. Und zweifellos will er auch den Frieden.«

Im Gegensatz zu dem blutigen Krieg in Norwegen akzeptierten die Häuptlinge Thorgeirs Entschluss, dass Island ein christliches Land werden sollte. Ein Gesetz wurde verabschiedet, dass alle Leute Christen werden sollten und dass jene, die noch nicht getauft worden waren, getauft werden sollten.

Einige ließen sich sofort in den kalten Wassern beim *Althing* taufen. Andere warteten, bis sie auf dem Weg nach Hause an warmem Quellwasser vorbeikamen.

◆ ◆ ◆

Auf dem Weg zu ihren Schiffen zurück sprachen Leif und Mikkel wieder miteinander. »Wir können alles

Holz gebrauchen, das ihr uns bringt. Wenn du mit mir reist, lernst du den Weg nach Grönland kennen und kannst mit uns in Handel treten.«

Während Leif sein Schiff startklar machte, sprachen Bree und Devin auch mit Mikkel. »*Eine* Reise«, erinnerten sie ihn. »Du hast es versprochen: *eine* Reise.«

Mikkel nickte. »Das ist immer noch eine Reise.«

Doch Bree war beunruhigt. »Weißt du, was geschehen ist, als Leifs Vater Siedler von Island nach Grönland führte? Sie sind mit 25 Schiffen losgefahren. Nur vierzehn haben Grönland erreicht.«

»Ich weiß«, meinte Mikkel. »Aber wir haben dich dabei, damit du betest.«

Devin starrte ihn an. »Wie ein Amulett. Meine Schwester ist für dich einfach ein Glücksbringer. Ein Gebet, und alles läuft rund.«

Devin war wütend – so wütend, wie ihn Bree erst selten gesehen hatte. Sie war es auch. »Denk daran, dass unser Gott der Gott ist, der das Universum regiert.«

»Ja«, antwortete Mikkel. »Falls das stimmt, will ich dich und Devin dabeihaben. Falls wir in Schwierigkeiten geraten, könnt ihr bei eurem Gott ein gutes Wort einlegen.«

»Aber du vergisst eines«, warnte Bree Mikkel. »Unser Gott will unser Bestes. Aber wenn wir absichtlich etwas Dummes tun – etwas, das ihm nicht gefällt –, müssen wir mit den Konsequenzen leben.«

Als Mikkel nichts mehr sagte, dachte Bree, sie hätte ihn überzeugt. Doch dann erklärte er: »Du und

Devin seid fürs Beten zuständig, ich fürs Denken. Und in meinem Denken bin ich überzeugt, dass wir gehen sollen. Und merkt euch – *ich* bin der Kapitän dieses Schiffs.«

Als die beiden Schiffe auslaufbereit waren, erneut mit Wasser und Vorräten gefüllt, erklärte Leif Mikkel den Weg nach Brattahlid, der Farm seines Vaters in Grönland.

»Wenn wir zusammenbleiben, könnt ihr mir folgen«, sagte Leif, als Bree und Devin in Mikkels Nähe standen. »Wenn wir uns aus den Augen verlieren – wir haben einen schneebedeckten Berg, den man schon aus weiter Entfernung auf See sehen kann.«

Mikkel nickte. Sein Gesicht war ernst, als er sich jedes Wort merkte.

»Ihr dürft nicht vergessen, dass es unterwegs Eisberge gibt. Ein großer Teil von Grönland ist von einer dicken Eisschicht bedeckt. Wenn Eis von einem Gletscher abbricht, gleitet es ins Meer und wird zu einem Eisberg.«

Erneut nickte Mikkel. Anscheinend war er sicher, dass er damit umgehen konnte. Doch Leif fuhr fort: »Entlang der Ostküste von Grönland gibt es eine starke Strömung, die riesige Massen an Eis und von Gletschern abgebrochenen Eisbergen mit sich führt.«

»Ich werde danach Ausschau halten«, sagte Mikkel.

Doch Leif schüttelte den Kopf. »Du verstehst nicht. Die Sonne und der Wind schmelzen die Spitze des Eisbergs, aber der untere Teil eines Eisbergs ist unter Wasser. Er schmilzt langsamer. Und man kann ihn nicht sehen.«

»Der größte Teil ist unter der Wasseroberfläche? Und lauert allen Schiffen auf, die ihm zu nahe kommen?«

Leif nickte. »So kann man es sich vorstellen. Ihr müsst euch stark südlich von Grönland halten. Bleibt außer Sicht des Landes und weicht dem Packeis aus.«

Packeis. Große Eisbrocken, die von einem Gletscher abgebrochen und ins Meer gefallen waren.

»Und natürlich haben wir auch Stürme und Nebel. Falls ihr die südliche Spitze von Grönland verpasst …«

Nachdem er die nötigen Warnungen weitergegeben hatte, grinste Leif. »Ich nehme stark an, dass mein Vater es Grönland, also Grünland, nannte, da ein guter Name auf die Leute anziehend wirkt.«

»Und ist es grün?«, fragte Mikkel.

Leif lachte, als fände er die Frage witzig. »Ihr werdet sehen.«

Obwohl Leif sieben oder acht Jahre älter war, schienen er und Mikkel bereits Freunde geworden zu sein. Als Bree ihnen zuhörte, spürte sie, wie ihre innere Spannung stärker wurde.

Für Bree klang es unmöglich, Grönland unversehrt zu erreichen. Und sie waren noch mit einem weiteren Problem konfrontiert: Wer an Bord der *Eroberung* wollte sich an Mikkel rächen?

Für immer verloren?

Als Mikkel am Ruder der *Eroberung* stand, war er besorgter, als er sich eingestehen wollte. Doch dann dachte er daran, dass er in Grönland sein Holz zum besten Preis verkaufen konnte. Wenn er mit den Leuten dort eine Handelsbeziehung aufbauen konnte …

Bei diesem Gedanken trat ein Lächeln auf Mikkels Gesicht. So wurde man reich. Und wenn er alle Gefahren überwand, würde er von den anderen in Ehren gehalten werden. In den großen Hallen des Nordens würde man Geschichten seiner mächtigen Taten erzählen. *Ruhm und Reichtum.*

Wieder lächelte Mikkel zufrieden. Die Ruderpinne, die er in der Hand hielt, war glatt und kunstvoll gefertigt. Als er mit dem Bau begonnen hatte, hatte er gehofft, dass sein neues Schiff den *Seevogel* übertreffen würde. Das hatte es. Inzwischen mochte er die *Eroberung* sogar noch mehr. Wendig. Flink. Von beeindruckender Erscheinung und zuverlässig auf offener See.

Nun war das Segel aufgebläht, vom Wind erfüllt. Mit seinem Schiff hatte er bereits Hindernisse überwunden. Er hatte es richtig benannt. Es würde ihn zu einem Eroberer machen, zu einem Überwinder. Zu einem der großen Wikinger.

Einen Augenblick lang ruhte Mikkels Blick auf Bree und Devin. Sie hatten ihr Möglichstes getan, um ihn davon abzuhalten, weiterzusegeln. Aber jetzt, da Mikkel auf dem Weg nach Grönland war, sagten sie nichts mehr. Manchmal erschien ihm Devin wie der Freund, der ihm früher sein Lieblingsbruder gewesen war. Doch jener Bruder war auf See umgekommen. Und Bree … Bree ging immer auf eine gewisse Distanz.

Warum habe ich sie nicht freigelassen? Sie einfach gehen lassen?, fragte sich Mikkel. *Damit sie zu Tully zurückgeht, wer auch immer das ist. Damit sie einen guten Iren heiratet und bis an ihr Lebensende glücklich und zufrieden ist.*

Doch tief in seinem Herzen wusste Mikkel, er konnte Bree nicht einfach gehen lassen. Er wollte, dass sie auf der *Eroberung* blieb. Dass sie in Aurland blieb, wenn sie nach Hause kamen.

Mikkel hoffte sogar, dass Bree dorthin kam, wo sie auch bleiben *wollte*. Doch nach all dieser Zeit fragte sich Mikkel, ob das je geschehen würde.

Eine Zeit lang konnte er Leif leicht folgen. Dann bemerkte Mikkel, was der groß gewachsene Grönländer mit Packeis in den Gewässern zwischen Island und Grönland gemeint hatte. Als Leif einen Bogen Richtung Süden machte, war Mikkel erleichtert. Eine sichere Reise war ihm das Allerwichtigste. Sie hatten schon genug Problemen gehabt.

Mikkel dachte darüber nach. Meerwasser in der Suppe. Drei Männer, die sagten, sie hätten frisches

Wasser aus einem Bach geholt. *Drei Männer, denen ich vertraue.*

Dann Shadow, der freigelassen wurde, sodass er ins Haus des Königs eindringen konnte. Bree bestand darauf, dass sie den Hund sicher angebunden hatte. Wer wollte ihnen schaden, indem er den Hund losgebunden hatte? Und was wusste sein Vater von einer möglichen Gefahr für Bree? Als Sigurd nichts erklärt hatte, war sich Mikkel sicher, dass er gute Gründe dafür hatte.

Aber am schlimmsten waren die Baumstämme, deren Vertäuung durchschnitten worden war. Am Abend vor dem Unfall hatte Mikkel die Laschung kontrolliert. Die Taue waren fest und hätten allem standgehalten – Wellen, Walen, schlechtem Wetter. Doch Mikkel war sich darüber im Klaren, wie nahe sein Schiff vor dem Kentern gestanden hatte. Irgendwann in der Nacht hatte sich jemand an den Seilen zu schaffen gemacht.

Jemand, der mich hasst. Jemand, der sich rächen will. Wer?

Mikkel ging in Gedanken jeden einzelnen Mann an Bord durch. *Habe ich jemanden erzürnt? Eifersüchtig gemacht? So sehr aufgebracht, dass er es nicht vergessen hat?*

Tausend Fragen jagten Mikkel durch den Kopf. Schließlich schob er sie alle beiseite. Im Augenblick hatte er größere Probleme direkt vor sich. »Unsere See ist anders als alle Gewässer, durch die du je gesegelt bist«, hatte Leif gewarnt.

Packeis. Eisberge. Gletscherabbrüche – Eis, das vom Land ins Meer glitt.

Um nichts in der Welt hätte Mikkel vor anderen zugegeben, wie sehr er sich fürchtete. Dabei fielen ihm die 25 Schiffe ein, die Erik der Rote angeführt hatte. *Nur vierzehn haben Grönland erreicht?*

Auf einmal hatte Mikkel noch mehr Fragen. *Was geschieht, wenn ein riesiger Eisblock ins Meer fällt? Platscht das nicht gewaltig? Löst es eine gigantische Welle aus, die die »Eroberung« im Handumdrehen kentern lassen kann?*

Mikkel versuchte diese Gedanken zu ignorieren, doch am meisten Angst machte ihm der Gedanke an Nebel. Wenn es neblig war, konnte er nichts sehen – keine Eisberge, Leif nicht, nicht einmal den schneebedeckten Berg, der ihn daran hindern sollte, für immer auf dem Nordatlantik verloren zu gehen – auf dem scheinbar endlosen Ozean.

Am nächsten Morgen wurde Mikkels Albtraum Realität. Nebel. So dichter Nebel, dass Mikkel nicht erkennen konnte, wo das Wasser endete und wo der Himmel begann.

In der Stille des Nebels um ihn – in dem gedämpften Geräusch, das die Ruder machten, die in ihrer Halterung bewegt wurden – kamen Mikkel allerlei Gedanken.

Vielleicht ist dies der Ort, von dem die Leute sprechen – der Ort, wo die Leute vom Rand der Erde fallen.

Oder vielleicht ist es wie das Land der Toten, vor dem

sich Großmutter gefürchtet hat. Halb Tag, halb Nacht, ein kalter Ort mit Eisnebel.

Vielleicht ist dies das Ende von allem – die Dunkelheit, in der uns eine schreckenerregende Gestalt entgegenkommt. Die Dunkelheit, in der sich eine Hand wie eine Klaue ausstreckt und diejenigen packt, die ihr zu nahe kommen.

Der graue Schrecken erschien für Mikkel so real, dass er seinen Blick nicht vom Nebel wenden konnte. Er stand am Bug des Schiffes und spähte in den dichten Nebel, der ihm jede Sicht auf das, was vor ihnen lag, nahm.

Mikkel erschauderte und versuchte sich selbst davon zu überzeugen, dass ihm nur kalt war. Doch als er seine rechte Hand auf die Reling legte, zitterte sie. Rasch legte er seine andere Hand darauf. Niemand durfte wissen, wie sehr er sich fürchtete.

Doch er konnte seine Angst nicht verbergen, nicht einmal vor sich selbst.

Den ganzen Tag waren sie von Nebel umgeben. Als sich das Grau des Tages mit der Dunkelheit der Nacht vermischte, wusste Mikkel nur, dass die Stunden vergangen waren. Ob er gerade am Bug oder am Ruder war – jemand brachte ihm Essen und Wasser. Doch niemand brachte ihm Frieden.

Was, wenn ein Eisberg direkt vor ihm lag und er ihn nicht sehen konnte? Wann würde ein unter der Oberfläche verborgener Eisblock auf ihr Schiff treffen, mit seinen scharfen Kanten, wie ein Messer, das sein Schiff durchbohren konnte?

Wenn wir es irgendwie schaffen, diese Reise zu überleben …

Aber was, wenn nicht?

Mikkel wusste, dass er noch nicht die mutigen Taten vollbracht hatte, die ihn nach Walhalla bringen würden, in die prächtige Halle, die edlen Kriegern vorbehalten war. Falls er starb und nicht dorthin eingeladen wurde, würde er dann für immer an dem Ort wohnen, der für die Alten und Gebrechlichen vorgesehen war? An dem Ort, den seine Großmutter in solche Angst versetzt hatte?

Mikkel war sich nicht sicher, aber eines wusste er. Er wollte nicht das Risiko eingehen, immer so leben zu müssen. Wo er sich auch hinwandte, hatte er das Gefühl, dass er sich bereits in jener furchterregenden Welt der Toten befand.

In Mikkels Herz formte sich ein Schrei. Ein so großer Schrei, dass er zum tiefsten Schmerz wurde, den Mikkel je gekannt hatte. *Brees Gott. Devins Gott. Bist du hier irgendwo bei uns? Hilfst du mir, den Weg zu finden?*

Der Floh

Als Bree am nächsten Morgen aufwachte, wusste sie, dass sich etwas verändert hatte. In jeder Nacht reservierte sie sich eine kleine Fläche – einen Platz auf den Deckplanken zwischen Devin und Nola. Dort rollte sie ihren Schlafsack aus und dort, in der Nähe des Hecks, konnte Bree oft sehen, was auf dem Schiff geschah.

Nun, schon bevor sie die Augen geöffnet hatte, nahm Bree wahr, dass etwas nicht in Ordnung war. Es war zu ruhig, zu still. Eine unheimliche Stille.

Einen Augenblick lag Bree reglos da. Ihr Schlafsack aus Seehundfell hielt sie warm, doch ihr Gesicht und ihre Haare fühlten sich feucht an. Die Stille.

Dann öffnete Bree die Augen und wusste Bescheid. Das große Segel hing schlaff am Mast. Nebel hatte sich auf sie gesenkt. So dichter Nebel, dass Bree das Gefühl hatte, sie könnte seine Schichten mit dem Kochlöffel umrühren.

Als sie sich hinsetzte und sich den Mantel über die Schultern zog, blickte sie nach vorn. Nur zwei Rudermänner entfernt verloren sich die Ruderer bereits im Nebel. Bree konnte nicht weiter sehen.

Sie stellte sich an die Reling, schaute angestrengt in den Nebel, konnte jedoch keinen Horizont ausmachen. Nur grauen Nebel. Niemand musste ihr sagen, dass sie Leif und sein Schiff aus den Augen verloren hatten.

Von Panik gepackt hielt Bree nach ihrem Bruder Ausschau. Wo auch immer er war, Dev arbeitete irgendwo in der weißgrauen Wolke, die sie umgab.

Und dann suchte Bree ihren Gott. *Fürchte dich nicht,* erinnerte sie sich an seine Worte.

Doch die Angst in Bree wuchs. *Wie kann ich mich nicht fürchten, wenn diese Reise ohne dich begonnen worden ist?*

Fürchte dich nicht? Bree hätte Gott die Worte am liebsten ins Gesicht zurückgeschleudert.

Ich bin dafür verantwortlich, für dieses Schiff zu beten, dachte sie bitter. *Doch wie kann ich glaubensvoll beten? Mikkel hat diese Reise geplant, ohne dich zu fragen. Wie kann ich dein Angesicht suchen und zu dir schreien, solange ich weiß, dass er nur Ruhm, Ehre und Reichtum sucht?*

Bree setzte sich wieder, lehnte sich vor und verbarg ihr Gesicht in ihrem Schoß. Als sich die Leute um sie herum zu regen begannen, versuchte sie die Geräusche auszublenden, ihre Worte auszublenden, die Angst der Gewissheit in ihren Stimmen, dass sie nie wieder Land sehen würden.

Plötzlich verstand Bree, warum Thorgeir, der Isländer, in seine Kabine gegangen war und sich einen Mantel über das Gesicht gezogen hatte. Mit ihrem eigenen Mantel über dem Kopf versuchte Bree einen Raum zu schaffen, wo sie nur Gott hörte.

Schon bald kehrte der Gedanke zurück: *Fürchte dich nicht, denn ich habe dich erlöst.*

Die sanfte, leise Stimme seines Wortes, die Bree kannte. *Ich habe dich bei deinem Namen gerufen, du bist mein.*

Tief in ihrem Inneren sprach Gott durch Worte, die Bree auswendig gelernt hatte, zu ihrer Panik. *Wenn du durchs Wasser gehst, ich bin bei dir, und durch Ströme, sie werden dich nicht überfluten.*

In den darauffolgenden Stunden verlor Bree jegliches Zeitgefühl. Doch sie klammerte sich an die Worte, die ihr Hoffnung gaben. *Denn ich bin der HERR, dein Gott, ich, der Heilige Israels, dein Erretter.*

◆ ◆ ◆

Laut Brees Zählung war es der dritte Nebeltag, als sie zusammen mit Devin zwischen zwei Wassertonnen und einem Fass Fisch saß. Bei jeder Gelegenheit sprachen und beteten Bree und Devin zusammen. Doch nun, mit Devin neben ihr, kauerte sich Bree erneut unter ihren Mantel.

Da hörte Bree, wie jemand ihren Namen aussprach. Diesmal war es eine menschliche Stimme. »Bree …«

Mikkel. Mikkel war der Letzte, mit dem sie sprechen wollte.

»Bree …«, kam die Stimme erneut.

Sie schob ihren Mantel zurück und blickte in Mikkels Gesicht auf. Im grauen Nebel hing ihm sein blondes Haar leblos ums Gesicht. Seine Augen waren geweitet und dunkel. Die Furcht, die Bree in ihnen las, schien bis in Mikkels Innerstes gedrungen zu sein.

»Bree? Ich brauche deine Hilfe.«

Bree schluckte leer. Sie wurde den Kloß in ihrem Hals nicht los und konnte Mikkel nur anstarren. *Meine Hilfe?* Wie konnte sie jemand anderem helfen, wenn sie nicht einmal sich selbst helfen konnte?

Dann bemerkte Mikkel ihren Bruder. »Dev?«

Wassertröpfchen bedeckten das Seehundfell, das sich ihr Bruder über die Schultern geworfen hatte. Als Mikkel ihn ansprach, rückte Devin näher heran.

Mikkel kniete auf dem Deck zwischen ihnen und sprach mit leiser und verzweifelter Stimme. »Ich möchte zu eurem Gott beten, aber ich weiß nicht, wie.«

»Um Sicherheit bitten, meinst du?« Es war nicht das erste Mal, dass Mikkel so kam.

»Nein. Das heißt, ja. Das heißt, nein. Das meine ich nicht. Wenn ich sterbe, will ich in euren Himmel kommen.«

Bree war sich sicher, dass sie Mikkel falsch verstanden hatte, und starrte ihn bloß an.

»Verstehst du nicht?«, fragte Mikkel. »Ich möchte zu eurem Gott beten. Ich möchte, dass er mir das gibt, was ihr habt.«

Bree war so überrascht darüber wie über ein unerwartetes Geschenk. *Mikkel will unseren Gott kennenlernen?* Sie konnte es kaum glauben.

»Aber wie mache ich das?«, fragte Mikkel.

Devin streckte die Hand aus und legte sie auf Mikkels Hand. »Du betest«, antwortete Devin. »Du sprichst so, wie du mit uns sprichst.«

»Aber wie weiß ich, ob er mich hört?«

»Er hört bestimmt.«

»Wenn wir auf einen Eisberg auflaufen – wenn dieses Schiff untergeht – wenn wir für immer im Nebel verloren sind, ist es meine Schuld. Ich habe euch alle hierhergebracht. Ich kann den Gedanken nicht ertragen, was mit euren Familien geschieht. Kann euer Gott mich durchtragen?«

Devin grinste. »So was tut er ganz gern.«

»Dann werde ich nicht für immer in einem Nebel verloren sein?«

Devin schüttelte den Kopf.

»Dann sagt mir die Worte, die ich beten soll. Wenn ich am Leben bleibe, brauche ich die Worte, um euren Gott kennenzulernen. Und wenn ich bald sterbe, möchte ich ihm *vorher* begegnen.«

»Bete zu Jesus«, sagte Devin. »Er ist Gottes eingeborener Sohn und derjenige, der für dich gestorben ist. Sag ihm, dass dir alles Falsche, was du getan hast, leidtut.«

Mikkel blickte skeptisch. »Seid ihr sicher, dass ihr alles hören wollt?«

Als er zu beten begann, blieben ihm die Worte im Hals stecken und er stockte. Doch auf einmal strömten seine Worte hervor, als hätte er einfach die Gewissheit, dass er dies tun musste. Dabei bat er auch um Vergebung für seinen Raubzug auf Irland.

Als sein Wortschwall geendet hatte, fragte Mikkel: »Ist das genug? Ich glaube, das ist alles.«

»Das ist genug«, antwortete Devin. »Bitte Jesus, dich von deiner Schuld zu retten. Dass er dein Erlöser von jeder Art Dunkelheit und Nebel ist.«

Doch Mikkel schluchzte so sehr, dass er nicht beten konnte. Für Bree war es schrecklich, ihn weinen zu sehen. Dann bemerkte sie etwas anderes. Gott nahm all den Stolz und den Schmerz und das Gefühlsdurcheinander, das Mikkel hin- und herzog. Gott nahm alles an, was Mikkel ihm geben wollte. Und Gott gab seinen Trost.

Schließlich rieb sich Mikkel das Gesicht mit den Händen und versuchte alle Spuren seiner vergossenen Tränen abzuwischen. Er setzte sich wieder auf und blickte um sich.

Äußerlich hatte sich nichts verändert. Die Nebelwolke erschien Bree eher noch dichter als vorher. Das graue Wasser war immer noch mit dem grauen Himmel vereint. In dieser Welt, in der jede Sicht verloren gegangen war, blieb alles nur allzu still. Doch dann sagte Mikkel: »Ich frage mich, wie es Leif geht.«

Auf der offenen See erschienen seine Worte klein und verloren, doch Bree überraschten sie. Mikkel dachte an jemand anderen als an sich selbst.

In der nächsten Nacht und am nächsten Tag trafen sich Bree, Devin und Mikkel oft am Heck des Schiffs. Mikkel wollte mehr über das Beten wissen. Zu Brees

Überraschung wollte er nicht nur für die *Eroberung* und ihre Besatzung beten, sondern für Leif und alle, die im Nebel verloren sein könnten. Erst nachdem Mikkel für seinen Freund gebetet hatte, betete er für die Leute an Bord seines eigenen Schiffs.

Und dann, als hätte er den Nebel, der ihn auf die Knie gebracht hatte, beinahe vergessen, bat Mikkel um Hilfe beim Befehligen seines Schiffs.

Einige Zeit später, als Mikkel am Steuer stand und die Ruderpinne hielt, die nutzlos schien, da niemand wusste, wohin sie steuern mussten, da lachte Mikkel auf einmal.

Ist er verrückt geworden?, fragte sich Bree.

Aber Mikkel sagte: »Ich weiß, was wir tun!«

Seine Augen leuchteten und er strahlte eine Zuversicht aus, wie sie Bree seit dem Beginn des Nebels nicht mehr gesehen hatte. Als Mikkel Shadow hochhob, fragte sich Bree, ob ihm die Anspannung zu sehr zugesetzt hatte und er übergeschnappt war.

Mikkel setzte sich auf seine Seekiste und hielt den Hund auf dem Schoß. Sorgfältig suchte er Shadows Rücken ab, indem er das Fell vorsichtig teilte.

»Was suchst du?«, fragte Bree.

Doch Mikkel schenkte ihr keine Beachtung. Er suchte immer noch das Fell ab. Dann beugte er sich nahe heran und hielt etwas vorsichtig hoch. »Ich habe einen gefunden!«

Als sich Mikkel bewegte, sprang Shadow von seinem Schoß. Mikkel stand auf. »Kommt her!«, wandte sich Mikkel an seine Männer. Als sie sich näherten, setzte Mikkel ein sehr kleines Wesen auf den Ruderstock.

»Ein Floh?«

Als der Floh zu kriechen begann, ging ein Jubelschrei los. Verwirrt starrte Bree die Männer an.

»Norden!«, rief Mikkel aus und zeigte die Richtung an. »Ein Floh kriecht immer nach Norden!«

Der schneebedeckte Berg

Das ist Norden!«, riefen die Männer aus. »Und dort muss Grönland sein!«

Die Männer nahmen die Ruder auf. Sie ruderten im dichten Nebel, aber sie ruderten zielstrebig. Mikkel gab den Kurs vor, und die Männer gaben ihr Bestes, um ihn zu halten.

Als Mikkel einen weißen Strich über dem Horizont ausmachte, verstand er nicht, was er sah. Zuerst dachte er, dass das Weiße ein noch dichterer Nebel als der graue Dunst war. *Werde ich je wieder etwas sehen?*

Mit der Hand am Ruder und mit vor Müdigkeit brennenden Augen starrte Mikkel nach vorn. Wie ein Knäuel Garn, das seine Mutter gesponnen hatte, erschien der Nebel weich und die Welt unwirklich. Sogar die Bewegung der Ruder schien gedämpft und seltsam leise. Die Nebelschwaden um das Schiff herum hüllten den Drachenkopf und die Männer ein, die nur zwei Seekisten vor ihm standen.

In der Hoffnung, dass wenigstens ein leichtes Lüftchen wehte, befahl Mikkel, das Segel zu hissen. Es hing welk und freudlos am Mast.

Der Nebel bewegte sich nun in langsamen Schwaden um sie herum. Gerade über dem Wasser – welches so grau war, dass die Wellen nahtlos in den

Nebel überzugehen schienen – entdeckte Mikkel etwas anderes. Etwas Dunkles unter dem Weißen, das er für Nebel hielt.

Mikkel hielt den Atem an und behielt die dunkle Linie im Auge. Innerhalb kurzer Zeit wurde sie breiter und ausgedehnter. Und nun bewegte sich der Nebel erneut. Kam da tatsächlich ein Wind auf?

Über ihnen bewegte sich das Segel einmal, zweimal. In der Nähe blickte Devin auf und wandte sich dann mit einem Grinsen an Mikkel. Kurz darauf ging eine wellenartige Bewegung von einer Ecke aus über das ganze Segel. So unmerklich, wie wenn eine Katze auf Samtpfoten angeschlichen kam, wurde das Graue um sie herum heller. Eine Brise ergriff das Segel und blähte es auf.

Im nächsten Augenblick kletterte Garth so schnell den Mast hinauf, dass es aussah, als würde er rennen. Als er oben auf dem Mast war, löste sich der restliche Nebel auf. Und schon kam der Schrei: »Land in Sicht!«

Mikkel benötigte keinen Ausruf vom Mast, denn da, wo er war, vom Schiffsdeck aus, konnte er das Land auch sehen. Immer noch in weiter Ferne, aber direkt vor ihnen, erhob sich ein Berg aus dem Wasser. Er war schneebedeckt und schien die ganze Erde zu erfüllen. *Grönland!*

Ein Jubelruf ertönte, doch Mikkel war nicht in der Lage, seine Hand vom Ruder zu lösen und triumphierend zu heben. Beim Versuch zu rufen versagte seine Stimme. Er konnte nur dastehen und die Szene aufnehmen, von der er gedacht hatte, dass er sie nie zu Gesicht bekommen würde.

Tränen nahmen ihm die Sicht und er versuchte sie wegzublinzeln. Seine Männer sollten es nicht sehen, niemand sollte seine Schwachheit wahrnehmen. Doch dann blickte Bree in seine Richtung. Als sie ihm zulächelte, wusste Mikkel, dass sie es wusste. Zu seiner eigenen Überraschung störte ihn das nicht.

Weitere Jubelrufe kamen von der Besatzung und hallten in Mikkels Herz wider. Auf einmal kletterte er auf die Reling. Einen Moment lang hielt er das Gleichgewicht. Dann, mit einer Sicherheit, die er vom Erklimmen der Berge besaß, trat er auf das nächstgelegene Ruder.

Der Rudermann zog hörbar die Luft ein und umklammerte das Ruder, um es stabil zu halten. Als Mikkel aufs nächste Ruder sprang, war der Mann bereit. Auf das dritte, vierte, fünfte und sechste Ruder sprang Mikkel. Dann fand er einen Rhythmus und sprang wie in einem Tanz von einem Ruder zum nächsten.

Schon bald trauten die Rudermänner Mikkels Balancierkünsten genug, um das Rudern wieder aufzunehmen. Devin begann zu singen. Die Melodie war irisch, doch das Lied handelte von einem mächtigen Kriegsmann. Als der Klang vom Wasser getragen wurde, begann ein Mann nach dem anderen zu grinsen. Übermütig schrie Mikkel seine Erleichterung heraus.

Devins Lied war mitreißend. Als die Männer die Melodie kannten, begannen sie mitzusummen, und ihre kräftigen Stimmen wurden vom Wasser weitergetragen. Schon bald ruderten sie im Takt der Musik. Und immer noch, wie König Olaf höchstpersönlich, sprang Mikkel auf den Rudern vor und zurück.

Als Mikkel das nächste Mal nach vorn blickte, näherte sich die *Eroberung* dem Land.

Erik der Rote

Bree beobachtete, dass Mikkel die Ruderpinne mit einem neuen Gesichtsausdruck in die Hand nahm. Schon lange wusste Bree, wie gerne er segelte. Sie hatte beobachtet, wie stolz er immer auf sein Schiff gewesen war. Doch nun?

Anhand der Sonnenposition steuerte Mikkel die *Eroberung* die Westküste von Grönland hinauf. Er blickte nach vorn und beobachtete das Meer, als dächte er immer noch an ihr knappes Entkommen. Die gesamte Besatzung wusste, wie nahe sie daran gewesen waren, für immer auf dem Nordatlantik verloren zu sein.

Auf halbem Weg die Küste hinauf ragte ein Stück Land ins Meer heraus, auf dem sich Felsen hoch auftürmten.

»Da!«, rief Mikkel aus. »Der Wegweiser, den wir brauchen, um den Weg Eriks Fjord hinauf nach Brattahlid zu finden.«

Landeinwärts, fast am Ende des Fjords, erreichten sie Eriks Farm. Sie war einfach an der Anzahl Gebäude und der Größe des Langhauses zu erkennen. Leifs Schiff lag am Ufer vor Anker.

Bree und die anderen folgten Mikkel aufs Land. Plötzlich rannte ein großer, langbeiniger Hund den Hang herunter. Angespannt hielt sich Shadow nahe an Bree. Als der andere Hund näher kam, knurrte Shadow.

Tief aus der Kehle knurrte der größere Hund zurück, während er im Kreis um Shadow herumging. Da trat Mikkel heran. »Geh nach Hause!«, befahl er dem großen Hund.

Abwartend stand Mikkel neben Bree, bis der Hund gehorchte. Auf halbem Weg zum Haus drehte er sich um und blickte zu ihnen zurück. »Geh nach Hause!«, wiederholte Mikkel.

Dann rannte ein rothaariges Mädchen auf sie zu. Schwatzend führte sie die Gruppe zum großen Haus, dessen Dach mit Gras bedeckt war und dessen Wände aus Stein und Torf gebaut waren. Als ein zügiger Wind aufkam und die feuchte Luft sie umgab, führte das Kind Mikkels Besatzung nach drinnen.

Der große Saal von Brattahlid war voller Leute. Auch der Priester, den König Olaf mit Leif geschickt hatte, war da. Zusätzlich zum Kochfeuer wärmten sich die Leute um einen langen Herd. Ein künstlicher Kanal mit fließendem Wasser ergoss sich in einen kleinen Teich in der Raummitte.

Leifs Mutter, Thjodhild, eilte ihnen entgegen, um sie zu begrüßen. Leif rief: »Willkommen in Grönland!«

Mikkel grinste. »Nachdem wir für immer verloren waren.« Keine Spur mehr von seiner üblichen Großtuerei. Mikkel klang einfach erleichtert, dass er hier war. Doch als er die Schultern straffte, bemerkte

Bree die Stärke, die er nun besaß. Erneut waren seine Führungsqualitäten sichtbar.

Leif klopfte ihm auf die Schulter. »Ich hatte die Orientierung auch verloren. Und es hat mich beunruhigt, euch zu verlieren. Wir hätten beide im Nirgendwo landen können.«

»Aber nun sind wir hier«, antwortete Mikkel.

»Kommt, alle miteinander, und schließt euch uns an.« Die Wärme in Leifs Willkommensgruß war echt.

Der große Saal war mit langen Tischen gefüllt, und schon bald servierten die Frauen Mikkel und seiner Besatzung eine Mahlzeit. Nachdem sich alle gesättigt hatten, nahmen sie ihre Gespräche wieder auf.

Das Gesicht von Leifs Mutter leuchtete, als käme ein Licht aus ihrem Innern. Doch Leifs Vater, Erik der Rote, sah aus wie ein Sturm, der jeden Moment losbrechen konnte.

»Du sagst, dein neuer Gott ist am Kreuz gestorben?«, fragte er Leif. »Dass dieser Jesus den Zorn unserer Götter, den sie empfinden, wenn man sie verärgert, beseitigt? Niemand kann das tun, ohne ein Opfer darzubringen.«

»Jesus *ist* das Opfer«, erklärte ihm Leif. »Er ist für jeden einzelnen von uns gestorben.«

Leif fuhr fort: »Wenn wir falsche Dinge tun, beleidigen wir Gott mit unserer Sünde. Sie macht ihn traurig. Doch Jesus ist gestorben, damit wir Vergebung empfangen können.«

Erik schüttelte den Kopf. »Es muss ein Blutopfer sein.«

»Das war es. Jesus hat sein Blut für mich und dich vergossen.«

»Dieser Jesus ist *gestorben*, sagst du?«

»An einem Kreuz. Und dann ist er von den Toten auferstanden.«

Eriks rote Haare und sein roter Bart stachen so hell wie ein Feuer um sein Gesicht hervor. »Niemand steht von den Toten auf!«

Während Leif es ihm zu erklären versuchte, flogen die Zornesfunken seines Vaters in den Raum. Erik schlug mit der Faust auf den Tisch. »Warum willst du die Götter verlassen, die wir seit jeher anbeten?«

Ohne Leif Zeit für eine Antwort zu geben, stand Erik auf. Als er mit dem Finger auf Leif zeigte, zitterte Eriks Hand. »Du wirst den Zorn unserer Götter auf dich ziehen!«

Ruckartig wandte sich Erik ab und schritt durch den großen Saal. Auf einmal drehte er sich um. »Ich weigere mich, meine Götter zu beleidigen. Mit seinem mächtigen Hammer besiegt Thor meine Feinde sowohl an Land als auch auf See.«

Danach riss Erik die Tür auf. Als er die Tür hinter sich zuschlug, herrschte Totenstille. Sogar die Kinder im großen Saal verhielten sich still. Dann sprach Leifs Mutter mit fester und beherrschter Stimme.

»Danke, mein Sohn, dass du uns von deinem neuen Glauben erzählt hast. Sobald du angekommen warst, konnte ich den Unterschied in dir sehen – den

Frieden, den du empfindest, und wie du dich verändert hast. Ich glaube an den Jesus, den du kennst.«

Thjodhild blickte den Priester an. »Können wir zum Fluss hinuntergehen? Ich möchte im Namen dieses Jesus getauft werden. Wenn meine Zeit des Ablebens kommt, will ich, dass alle wissen, dass ich eine Christin bin – dass mir vergeben worden ist und dass ich in reinem Weiß gekleidet bin.«

◆ ◆ ◆

Mikkels Schiffsladung Holz verkaufte sich sofort. Als Bree ihn beobachtete, war sie froh, dass er etwas auf ehrliche Weise verdiente. Doch eine wunde Stelle in ihr war immer noch da. Was würde Mikkel mit dem Schatz tun, den er aus dem Glendalough-Kloster genommen hatte? Was würde er mit den Münzen tun, die er dem Freund seines Vaters gestohlen hatte?

Seltsam, dachte Bree. *Warum kann ich keine Spur von Mikkels Schatz finden?* Denn sie hielt die ganze Zeit danach Ausschau.

Und noch etwas beschäftigte Bree. Mikkel hatte nie herausgefunden, wer auf dem Weg hierher Schwierigkeiten gemacht hatte. *Verdorbene Suppe. Shadows Leine losgebunden. Baumstämme, die sich lösen sollten, sobald sie irgendwie in Bewegung gesetzt wurden.* Was könnte sonst noch geschehen? Welche Gefahren, von denen sie nichts wussten, lauerten noch um sie herum?

Nun ermutigte Leif Mikkel, ein Händler zu werden, der die Weltmeere durchquerte. »Wenn du nach Norwegen zurückkehrst und mit mehr Holz zurückkommst, werden wir alles kaufen, was du lieferst. Wir bieten dir Handelswaren, die in Irland und Norwegen von großem Wert sind.«

Irland. Schon die Erwähnung ihres Landes erfüllte Bree mit Hoffnung.

Kurz darauf sprach Thjodhild froh von der Kirche, die sie bauen wollte. Aber ihr Mann Erik warf ein: »Eine Kirche? Wir haben einen Ort, um Thor anzubeten. Wir benötigen nichts anderes!«

Als Thjodhild das nächste Mal von der Kirche sprach, schlug Erik mit den Fäusten auf den Tisch. »Frau! Du machst die Götter zornig! Habe ich unsere Söhne nicht gut gelehrt?«

»Doch, du hast unsere Söhne gut gelehrt«, bestätigte Thjodhild. »Du hast ihnen beigebracht zu jagen und zu fischen und mutig zu leben. Du hast ihnen beigebracht, die Gefahren nicht zu fürchten, die auf der offenen See oder auf unerforschtem Land lauern.«

Erik grinste. »Siehst du? Du bist stolz auf unsere drei Söhne.«

»Ich bin stolz«, antwortete Thjodhild leise. »Ich bin stolz darauf, was für Männer sie geworden sind.«

Erik lehnte sich auf seiner Bank zurück und machte es sich an der Wand bequem. »Warum willst du sie also mit dieser neuen Lehre verderben? Warum sprichst du gegen die Götter, die wir seit jeher kennen? Wenn sie hören, was du sagst, werden wir keinen Fisch aus dem Meer fangen und keine Speise vom Land ernten.«

Thjodhild schüttelte den Kopf. »Die Götter, denen du dienst, sind Götter der Dunkelheit und der Kälte, des grauen Nebels und der Angst. Der Gott, dem ich diene, ist ein Gott der Liebe. Er vergibt uns.«

Doch Erik wollte nichts mehr hören von einem Gott, der schwach sein musste. Wenn er seinen Leuten Liebe erwies, konnte er nur schwach sein. Erik würde weiterhin Thor anbeten, den Gott, der dieselben roten Haare und denselben roten Bart hatte wie er selbst. Schließlich besaß Thor einen mächtigen Hammer, den er immer dann warf, wenn er seine Feinde zerstören musste.

In den darauffolgenden Tagen arbeitete Bree in der Küche mit Leifs Mutter zusammen wie vorher mit Mikkels Mutter. Tagein, tagaus stellte Thjodhild Leif und dem Priester Fragen. Als sie erfuhr, dass Bree und Devin Christen waren, stellte sie auch ihnen Fragen.

Schon bald fand Thjodhild Gefallen an Bree. Obwohl Bree immer noch Sklavin war, schlief sie mit den anderen Frauen in einem der Räume, die an den großen Saal grenzten. Oft sprachen Bree und Thjodhild darüber, was es hieß, Christus nachzufolgen.

Als die Winterwinde über Grönland fegten und den Fjord mit Eis und Schnee bedeckten, versammelten sich die Leute um den langen Herd in Eriks großem Saal. Viele waren lernbegierig, doch eines Tages, als der Priester zu ihnen sprach, wurde Erik erneut wütend. Wieder stampfte er aus dem Haus, diesmal in einen kalten Wind hinaus, der durch die Tür hereinblies, sobald Erik sie öffnete.

Nachdem sich ihre Freunde und Nachbarn verabschiedet hatten, kauerte sich Thjodhild an das Feuer. Während Bree das Abendessen zubereitete, setzte sich Leif neben seine Mutter.

»Ich wollte euch keine Schwierigkeiten bringen«, sagte er. »Als mich König Olaf bat, die Botschaft Christi in unser Land zu bringen, habe ich ihm gesagt: ›Es wird schwierig sein, sie nach Grönland zu bringen.‹ Ich wusste ja, was mein Vater glaubte. Ich wusste, was der Preis für dich und mich sein würde.«

Thjodhild richtete sich auf. »Wenn du noch einmal die Möglichkeit hättest, würdest du dich anders entscheiden?«

Leif streckte seine Hand aus, nahm die Hand seiner Mutter und blickte ihr in die Augen. »Es stimmt, dass mein Vater mich gut gelehrt hat. Thor ist ihm sehr wichtig. Beide haben rotes Haar und donnern beim Sprechen. Doch ich wusste so viel von Thor, dass ich wollte, dass jemand meine Leere erfüllte. Für mich war es einfach, an Christus zu glauben, der auf die Erde kam und wie einer von uns geworden ist.«

Thjodhild lächelte. »Nur, dass er ohne Sünde ist.«

Wie ein abgeworfener Mantel fiel ihre Entmutigung von ihr ab. Das Leuchten trat wieder in ihre Augen. »Ja! Im Gegensatz zu den schattigen Göttern, die keine Macht haben und uns Angst machen, ist unser Christus heilig – ohne Sünde.«

Leif nickte. »Und er schenkt uns Frieden.«

◆ ◆ ◆

Thjodhild begann, einen Kalenderstab zu führen, wie es Bree in Norwegen beobachtet hatte. In das lange, schmale, flache Brett schnitt sie jeden Tag eine kleine Kerbe ein und markierte so die Sommermonate auf der einen und die Wintermonate auf der anderen Seite. Hier in Grönland, im hohen Norden, war es wichtig, die Saat bis zu einem bestimmten Datum auszusäen. Außerdem wollte Thjodhild auch den Überblick über besondere Feiertage behalten.

Bree kannte das irische System der Zeitbestimmung – eine Sonnenuhr am Tag und die Sterne in der Nacht. Als sie noch sehr klein war, nahm ihr Vater sie mit nach draußen, zeigte hoch zum Himmel und brachte ihr die Lage der Sterne zu verschiedenen Nachtstunden bei. Obwohl sich diese Positionen mit den Jahreszeiten änderten, konnte Bree problemlos die Nachtstunde bestimmen.

Und Bree verpasste nie wichtige Tage wie Weihnachten und Geburtstage. Hier hatte sie zwar keine Anhöhe, von der aus sie auf die Wasser der Irischen See blicken konnte. Doch in den wenigen Augenblicken, in denen sie nicht arbeiten musste, ging sie zum Fjord und beobachtete das Wasser, das sich mit den Jahreszeiten veränderte.

Jetzt im Sommer vermisste Bree besonders die Bäume Irlands und ihre vielen Grüntöne. Als sie ihrem Bruder begegnete, fragte sie ihn: »Denkst du, dass sich Vater und Mutter unseretwegen Sorgen machen?«, lächelte Devin.

»Sie werden es wissen.«

»Was wissen?«

»Dass es uns gut geht. Sie werden beten, und Gott wird ihnen Frieden schenken.«

Von da an fühlte sich Bree besser. Doch ihre Gedanken wanderten immer wieder nach Irland und zu ihrer Familie. Öfter, als ihr lieb war, dachte sie an Tully.

Als Weihnachten vor der Tür stand, fragte sich Bree: *Wenn ich in Irland wäre, würde er mir dann ein Geschenk machen? Und was würde ich Vater und Mutter schenken? Und was meinen Geschwistern?*

»Devin«, sagte sie, als sie sich das nächste Mal am Fjord trafen. »Wenn du in unseren Hügeln wärst, wie würdest du dieses Jahr Weihnachten feiern?«

Während er darüber nachdachte, trat ein Grinsen auf sein Gesicht. »An kalten Abenden würde ich am Feuer sitzen und mir eine Geschichte für Keely, Adam, Cara und Jen ausdenken. Wenn die Sonne durchdringt und die sanften Nebel von Irland am Abend auftauchen, würde ich ein Fleckchen grünes Land suchen und mit jemandem wie dir tanzen – aber mit einer Person, die *nicht* meine Schwester ist.«

Bree kicherte. »Wenn du nach Hause kommst, wirst du deine wahre Liebe heiraten. Aber wer ist sie?«

»Ich weiß es nicht«, antwortete Devin mit einem sehnsüchtigen Blick. »Aber ich werde sie finden.«

»Und was würdest du deiner wahren Liebe zu Weihnachten schenken?«, wollte Bree wissen.

Blumen im Schnee

Devins Grinsen verschwand. Er hatte seine Augen auf die schneebedeckten Berggipfel gerichtet, als er antwortete. »Alles, was ich bin, weil ich diese lange Reise unternommen habe.«

Da war es. »Diese lange Reise.« Bree blickte ihren Bruder an und bemerkte, dass er erwachsen geworden war. »Wir müssen dafür sorgen, dass diese Reise zählt«, meinte sie. »Als du Keely nach Hause gebracht hast …«

Devin blickte sie an und wartete.

»Gott hat mich daran erinnert, dass er mich zu einem Licht für die Nationen gesetzt hat. Er hat nicht nur mich berufen. Gott hat seine Gründe, warum wir beide nun hier sind. Gründe, die größer sind als wir.«

»Vielleicht wegen Mikkel«, meinte Devin.

Dann fiel Bree ein, dass sie ihn letztes Jahr an Weihnachten gefragt hatte: »Denkst du, dass sich Mikkel je verändern wird?« Ihr Bruder hatte gegrinst und geantwortet: »Wenn er die richtigen Freunde hat.« Nun sagte ihm Bree: »Du bist der richtige Freund.«

»Hoffentlich«, antwortete Devin. »Was, denkst du, wird einmal aus Mikkel werden?«

Bree lächelte. Manchmal fragte sie sich das auch. Groß und von kräftiger Statur, mit wehendem Haar, von Sonne gebräunter Haut und Augen, die weit über die See blickten …

Doch was geschah in seinem Innern, in das sie und Devin keinen Einblick hatten? Veränderte sich Mikkel, wuchs er in den geistlichen Versprechen, die er gemacht hatte, als er im Nebel verloren war?

Erneut beobachtete Bree Mikkel aus der Distanz und wartete. Zu viele Fragen waren für sie noch unbeantwortet.

An jenem Abend machte sie sich daran, ein Weihnachtsgeschenk für Leifs Mutter zuzubereiten. Da sie ihrer eigenen Mutter kein Geschenk machen konnte, wollte Bree eine andere Mutter ehren.

Erst fühlten sich Brees Finger unbeholfen an, als sie mit dem schmalen Knochenstück arbeitete, das ihre Nadel war. Hin und her, hin und her stieß sie die Nadel durch ein kleines Stoffstück, das sie jeweils gewoben hatte, wenn Thjodhild draußen war. Sorgfältig fertigte Bree ein Muster an, das sie mit einem Faden nähte, der mit dem Saft von im Sommer gewachsenen Beeren rot gefärbt worden war.

Am Weihnachtsmorgen, als Bree den Tisch für die frühe Tagesmahlzeit deckte, legte sie ihr Geschenk neben Thjodhilds hölzerne Schüssel und Löffel.

»Was ist das?«, fragte Leifs Mutter, als sie es sah. Sie nahm den Stoff und hielt ihn ins Licht.

Das Gestickte war ein Bild. Ein X bildete den Umriss einer Krippe, aus der Strohhalme ragten. Ein kleiner Halbkreis war der Kopf eines Kleinkinds.

Thjodhild wusste sofort, dass es das Christuskind war.

»Eine Erinnerung«, sagte Bree leise. »Eine Erinnerung an den Jesus, dem du dienst.«

»Aaah …« Thjodhild glättete den Stoff mit der Hand und berührte ehrfürchtig den Kopf des Kleinkinds. »Dies wird mich an mein erstes Weihnachten erinnern, an dem ich *ihn* kannte.«

Thjodhild trug es näher ans Licht des Feuers und blickte dann wieder Bree an. »Es wird mich sowohl an Christus erinnern, dem ich diene, als auch daran, wie du mir dienst. Ich könnte dir egal sein, aber ich sehe, dass ich dir wichtig bin.«

An jenem Tag führte Thjodhild Bree aus dem großen Langhaus. Der Nachmittag war klar und kalt, und der Schnee glitzerte im Sonnenlicht. Bree folgte Thjodhild einen schmalen Pfad hinunter zu einem Felsvorsprung.

Unter ihnen befanden sich gefaltete Schichten in der Landschaft, halb vom Schnee bedeckt. »Da werde ich eine Kirche bauen«, sagte Thjodhild.

»Hier?«, fragte Bree. »So weit von eurem Haus entfernt?«

»Hier«, bestätigte Thjodhild. Im Schnee schritt sie die Umrisse ab. Sie machte sechzehn große Schritte in eine Richtung und acht senkrecht dazu. »Sie wird massive Wände aus Holz und Stein haben, um die Kälte abzuwehren. Ein steiles Dach aus Torf und eine kleine Feuerstelle, um sich warm zu halten.«

Thjodhild lächelte. »Hier werde ich eine Kirche haben, wo ich in Ruhe den wahren Gott anbeten kann.«

Bree stand da, blickte auf das Fleckchen Land und vergegenwärtigte sich Thjodhilds Traum. »Die erste christliche Kirche in ganz Grönland«, sagte Bree.

»Genau!«, rief Thjodhild aus.

Von ihrer Freude angesteckt, lachte Bree. Und dann wurde ihr noch etwas bewusst. Leifs Mutter war nicht verpflichtet, eine Kirche zu bauen. Sie tat es nicht, um einem irdischen König zu gefallen, sondern sie wollte einen besonderen Ort, an dem sie den König der Könige anbeten konnte, der ihr Herr geworden war.

Im Frühling, als der Fjord Eisbrocken mit sich führte und der Fluss in der Nähe von Eriks Haus von rauschendem Wasser erfüllt war, begann die Arbeit an Thjodhilds kleiner Kirche. Von Norwegen hatte Leif wertvolles Bauholz via Island nach Grönland gebracht. Nun trugen er, Mikkel, Devin und weitere Männer dieses Holz zu der Stelle, wo die Kirche gebaut werden sollte. Zudem brachten sie Steine und Torf.

Die kleine Kirche, die sie bauten, war genau so, wie Thjodhild es gesagt hatte – mit je einer Bank an den beiden langen Seiten und einer Feuerstelle. Und wie Thjodhild es sich gewünscht hatte, war die Kirche so in die Landschaft eingebettet, dass ihr Mann, Erik der Rote, sie nicht immer anschauen musste.

◆ ◆ ◆

Als der Sommer herannahte, waren die Hänge zwischen dem Haus und dem Fjord von Blumen übersät. Bree kam es so vor, als sei keine Zeit vergangen zwischen dem Schnee und den hervorgesprossten Blumen. Sie sahen nicht etwa verwelkt und vertrocknet aus nach ihrem Winterschlaf, sondern schienen direkt unter dem Schnee in voller Blüte aus dem Boden hervorzubrechen.

Im Sonnenlicht ging Bree inmitten von Gänseblümchen und Engelwurz und langstieligem Hahnenfuß. Doch mit dem Sommer konnten sowohl Bree als auch Devin ihre Abfahrt kaum erwarten.

Hier gab es keine andere Möglichkeit, um nach Hause zu kommen, als ein Schiff zu besteigen, das Grönland verließ. In den seltenen Fällen, wenn ein Schiff Eriks Fjord erreichte, wurde den umliegenden Bauernhäusern die Nachricht von Läufern überbracht. Die Nachricht, dass ein Schiff aus Norwegen angekommen war, verbreitete sich wie ein Lauffeuer. Doch Bree schlich sich immer nahe heran und beobachtete.

Gab es eine Möglichkeit, dass sie und Dev ungesehen an Bord schleichen und sich verstecken konnten, bis sie weit draußen auf hoher See waren? Konnte sie ihre Dienste als Köchin anbieten und sich den Nachhauseweg verdienen? Doch dann bemerkte sie, dass Mikkel immer Wächter um die Schiffe aufstellte – Wächter, die auf ihrem Posten blieben, bis die Schiffe wieder aus dem Fjord ausliefen.

An dem Tag im September, an dem Bree fünfzehn wurde, begegnete Mikkel ihr, während sie am Fjord entlangspazierte.

»Alles Gute zum Geburtstag, Bree«, sagte er.

Mit einem Kopfnicken dankte ihm Bree und fragte: »Und wann bringst du mich nach Irland?«

Ein Schatten trat in Mikkels Augen. »Ich bin immer noch dabei, mehr Felle und Stoffe zu sammeln – wertvolle Handelsgüter.«

»Du hast versprochen, Dev und mich am Ende dieser Reise nach Hause zu bringen. Du hast schon bald so viel Ladung, dass du gar nicht alles auf dein Schiff laden kannst.«

»Es ist immer noch dieselbe Reise«, erklärte Mikkel.

»Unsere Eltern werden sich Sorgen um uns machen. Sie werden denken, dass wir Schiffbruch erlitten haben und ertrunken sind.«

»Wissen sie nicht, dass uns unser Gott beschützt?«, warf Mikkel ein.

Bree starrte ihn an, wütend über seine seltsame Anwendung der Wahrheit. *Unser Gott*, hatte Mikkel gesagt. Bree war froh, dass sein Glaube groß schien. Von ganzem Herzen glaubte Bree, dass sein Gebet echt gewesen war. Doch da lag immer noch viel zu viel zwischen ihnen.

Mikkel unterbrach die Stille. »Bree, wer ist Tully?«

Die Frage überraschte Bree sehr. Mehr als ein Jahr war nun vergangen, seitdem Mikkel Lil von ihrem Cousin sprechen hören hatte. Warum hatte Mikkel das nicht vergessen? Sie wollte nicht, dass er ein Gebiet ihrer Welt betrat, das besonders – beinahe heilig – war, ein Gebiet tief in ihrem Herzen, wo sie die Liebe zu Tully nährte.

Nun, da sie ein Alter erreicht hatte, in dem Mädchen in Irland oft heirateten, schmerzte Bree die Frage noch mehr. Ohne zu antworten, ging sie davon.

Im darauffolgenden Winter wusste Bree, dass Mikkel nicht mehr kontrollierte, ob sie versuchen würde zu entkommen. Er wusste genauso wie sie, dass dies nicht der Fall sein würde. Wo konnte sie in diesem Land, in dem eine so große Fläche von Eis und Schnee bedeckt war, hingehen? Sogar im Sommer schmolz die Eisschicht auf den Bergspitzen nie.

Wenn die Winde kalt bliesen, versammelten sich die Leute um den langen Herd in Brattahlid. Während die Frauen an einem Ende des Feuers spannen und woben, spielten Kinder in der Nähe. Am anderen Ende flickten Männer ihre Werkzeuge und Netze und beteiligten sich am Gespräch.

Mehrmals baten sie Devin, ihnen vom fernen Irland zu erzählen. Immer erzählte er seine Lieblingsgeschichten, sang irische Lieder, spielte Dudelsack und sprach von zu Hause. Mit jeder Geschichte sehnte sich Bree noch mehr danach, ihre Familie zu sehen.

In jenem Winter sprachen alle von Bjarni Herjulfsson. Sie fragten sich, wie es ihm auf seiner Reise nach Norwegen ergangen war. Hatte er die lange Schifffahrt wohlbehalten überstanden? Was würde König Olaf Tryggvason über ihr Land sagen? Was würde ihnen Bjarni berichten, wenn er zurückkam?

»Wer ist Bjarni?«, fragte Bree.

Sie erfuhr, dass Bjarni als junger Händler einen Winter in Norwegen und den nächsten bei seinem Vater in Island verbracht hatte. Als Bjarni von einer seiner Reisen zurückkehrte, stellte er fest, dass sein Vater Erik dem Roten nach Grönland gefolgt war. Bjarni machte sich auf, um seinem Vater zu folgen, doch der Wind brachte ihn vom Kurs ab.

Wie Leif und Mikkel verlor auch Bjarni im Nebel die Orientierung. Er verpasste die südliche Spitze von Grönland und segelte tagelang ohne Land in Sicht. Als er schließlich Land sichtete, wollten seine Männer an Land gehen. Doch Bjarni untersagte es ihnen.

Dreimal war Land in Sicht. Dreimal bestimmte Bjarni, dass sie nicht an Land gehen konnten. Sie mussten weiterfahren. Es war beinahe Winter und er musste seinen Vater finden, bevor die Herbststürme einsetzten. Nun, fünfzehn Jahre später, hatte sich Bjarni aufgemacht, um den König von Norwegen zu besuchen.

An Weihnachten lud Thjodhild alle ein, am Gottesdienst in der neuen Kirche teilzunehmen. Ihre

Söhne Leif, Thorvald und Thorstein kamen, aber ihre Halbschwester Freydis nicht. Bree, Devin und einige Nachbarn und der Priester aus Norwegen drängten sich ins Innere. Zuletzt betrat Mikkel die kleine Kirche.

Thjodhild blickte mit einem erfreuten Lächeln auf dem Gesicht in die Runde. »Das ist ein Anfang«, meinte sie. »Ein guter Anfang.«

◆ ◆ ◆

Die beißend kalten Monate des Winters 1001/1002 schienen noch länger anzudauern als im vergangenen Jahr. Es dauerte noch länger, bis der Sommer ins Land zog.

Wenn immer es das Wetter ermöglichte, unternahm Leif mit Mikkel und Devin Missionsreisen zu anderen Siedlungen. In jedem Fjord, jeder Siedlung, jedem Haus erzählte Leif den Leuten von seinem neuen Glauben und von der Herrlichkeit des Gottes, dem er diente. Der Priester, der von König Olaf gesandt worden war, begleitete Leif und taufte die Leute, die glaubten.

Oft hörte Bree, dass sich die Leute über Leif unterhielten. »Er ist weise«, sagten viele. »Gemäßigt in allem, was er tut. Ausgeglichen.«

Ausgeglichen? Manchmal hätte Bree am liebsten über so eine Beschreibung gelacht. Hatte Leif nicht auch das rotglühende Temperament seines Vaters? Doch was Bree an Leif beobachtete, deckte sich mit den Beschreibungen der Leute. Männlich, selbstsicher und führungsstark, wie er war, traf er wohlüberlegte Entscheidungen. Zweifellos besaß Leif ein mutiges Herz.

Immer wenn jemand seine ruhige Art erwähnte, warf Bree einen Blick auf Thjodhild. Stolz, wie eine Mutter nur sein konnte, schien sie die Worte in ihrem Herzen aufzubewahren.

◆ ◆ ◆

An ihrem sechzehnten Geburtstag spazierte Bree auf die weite Ebene, wo sich das Parlament Grönlands versammelte. Als die Nacht zur Neige ging und sich die Dämmerung über den Himmel zog, stand Bree am Ufer.

Mikkel traf sie an, wie sie über den Fjord auf die schneebedeckten Berge blickte.

»Alles Gute zum Geburtstag, Bree«, sagte er.

»Danke«, antwortete sie. »Und wann bringst du mich nach Hause?«

Der Schatten, der in Mikkels Augen trat, verbreitete sich über sein ganzes Gesicht. Dann, wie wenn er seine Gefühle hinter einer Maske versteckte, sprach Mikkel: »Ich will von Leif lernen.«

»Was lernen?«

»Wie man ein Entdecker, Händler, Kaufmann wird. Wie man als …« Mikkel verstummte, nahm den Faden jedoch wieder auf. »Wie man als Christ lebt.«

»Ja.« Erneut war Bree froh. Doch sie war mit ihrer Geduld am Ende, was an ihrer Stimme bemerkbar war. »Du hast *eine* Reise versprochen.«

»Das ist immer noch dieselbe Reise«, erklärte Mikkel.

»Heute bin ich sechzehn!«, rief Bree aus. »Ich werde alt, während ich darauf warte, dass du mich nach Hause bringst.«

»Alt?« Mikkel grinste und trat einen Schritt zurück. »Oh ja, jetzt sehe ich es. Eine Sorgenfalte zwischen deinen hübschen Augenbrauen. Sie wird dein Aussehen ruinieren. Du bist wirklich alt.«

Doch Bree war wütend darüber, wie die Jahre verstrichen. Jahre, die sie mit ihren Freunden verbringen wollte. Jahre, in denen sie sich daran freuen wollte, dass sie die Tochter eines Stammesfürsten war.

»In Irland werde ich das Heiratsalter überschritten haben«, bemerkte sie.

»Echt?«, fragte Mikkel, als hätte er eben etwas Neues erfahren. Doch Bree war sich sicher, dass er über die Heiratsbräuche in Irland bereits Bescheid wusste.

Im nächsten Augenblick wurde Mikkel ernst. »Bree, wer ist Tully?«

Als Bree ihm in die Augen blickte, war sie unfähig zu antworten. Sie konnte sich nur fragen, ob Mikkel hörte, wie wild ihr Herz schlug. *Erinnert sich Tully überhaupt noch an mich?*

Drei Jahre waren vergangen, seitdem das Wikingerschiff Bree von Irland weggebracht hatte. *Wie kann Tully bloß darauf warten, dass ich nach Hause komme? Er weiß nicht einmal, ob ich noch am Leben bin.*

Als bemerkte er, dass er sich in einen Bereich vorgewagt hatte, in dem Bree ihn nicht haben wollte, sagte Mikkel: »Du willst nicht darüber sprechen, nicht wahr?«

»Ich kann nicht«, sagte Bree. »Es schmerzt zu sehr.«

Mikkel hielt ihr seine Hand entgegen, aber Bree weigerte sich, sie zu ergreifen. »Wenn du darüber sprechen kannst, wüsste ich es gern«, sagte er.

Als Devin Bree beim Spazieren am Fjord antraf, war sie immer noch so aufgebracht, dass sie kaum ein Wort herausbrachte.

»Warum fragt mich Mikkel nach meinem Leben? Nach meinen Freunden? Warum bringt er uns nicht einfach nach Hause?«

Leif Eriksons Schiff

Als Bree mit Devin in einen Gleichschritt verfiel, sagte er: »Mikkel hat sich verändert.«

Das schmerzte Bree noch mehr. »Das Einzige, was sich verändert hat, ist, dass du jetzt auf seiner Seite bist!«

Als Devin schwieg, ließ Bree ihrem Zorn freien Lauf. »Mikkel behauptet, er wolle ein Händler sein. Um ein Händler zu sein, muss er Handelsgüter in ein anderes Land bringen. Warum bleibt er also hier? Warum benimmt er sich so komisch für jemanden, für den das Geld normalerweise an erster Stelle steht?«

Unruhig ging Bree am Ufer entlang auf und ab. Schließlich blieb sie stehen und blickte zu den Bergen auf der gegenüberliegenden Seite des Fjords. In der klaren Luft hatte sie das Gefühl, sie könnte den Arm ausstrecken und die Berge berühren. Aber Bree war nun zutiefst verärgert. »Warum beschweren sich seine Männer nicht?«

»Nur Garth ist verheiratet, und er hat Nola bei sich.«

»Womit beschäftigen sie sich denn alle?« Bree wusste, dass Devin als Schmied gearbeitet hatte. Doch wie stand es um die anderen Männer?

»Mit Jagen. Sie suchen sich ihr eigenes Grundstück aus. Sammeln Felle und Tierhäute. Und Tran.«

»Tran?«

Devin grinste. »Fett. Speck. Walfischöl eben.« Doch dann machte er ein nachdenkliches Gesicht.

Bree entging das nicht. »Was weißt du, was ich nicht weiß? Warum wartet Mikkel? Warum bleibt er hier?«

»Ich glaube, etwas anderes ist ihm wichtiger geworden als Geld.« Doch mehr brachte sie nicht aus ihm heraus.

Als die Herbsttage auf einen weiteren Winter zugingen, kehrte Bjarni von Norwegen zurück. Mit ihm kamen Nachrichten von allen wichtigen Ereignissen. Im September des Jahres 1000, nur einige Monate nachdem Leif und Mikkel Nidaros verlassen hatten, fiel König Olaf Tryggvason in der Schlacht und Graf Erik wurde Herrscher.

Als Bjarni ihnen von den Ländern erzählte, die er gesichtet hatte, wollten alle mehr wissen. »Weshalb habt ihr die Länder nicht erkundet?«, fragten sie. Sie schlossen, dass Bjarni kein sehr neugieriger Mann war. Denn hatte er nicht die neuen Länder gesehen, ohne sie je betreten zu haben?

Obwohl er vom herrschenden Grafen geehrt worden war, spürte Bjarni die Kritik. Doch er kam mit der Unterstützung des Grafen für weitere Erkundungsreisen nach Hause. In Grönland stieß er damit auf offene Ohren.

In jenem Herbst kam das Eis ohne Vorwarnung. Am einen Tag floss das Wasser noch, am nächsten Morgen war die Welt still und festgefroren. Oft lud

Leifs Mutter andere ein, mit ihr ihren Herrn in der neuen Kirche anzubeten. Mehrere Male trampelten sie und Bree den Schnee herunter, um einen Weg zu dem kleinen Gebäude zu bahnen.

»Wenn euer Gott liebevoll ist, ist er schwach«, spottete Erik immer wieder. Doch nun gab es etwas Neues zu besprechen um die Winterfeuer. Die Männer sprachen jetzt selten von etwas anderem als von dem weit entfernten Land.

»Was sagt Bjarni, wie ist dieses Land?«, fragte Mikkel im Winter 1002/1003. Immer war dies die Frage, die das Gespräch wieder in Gang brachte.

»Wie konnte Bjarni dort *nicht* anlegen?«, fragte sich Mikkel später im Gespräch mit Bree. »Ich würde jeden Zentimeter eines neuen Lands sehen wollen.«

Ausnahmsweise stimmte Bree ihm zu. Und Mikkel und Devin stimmten noch in etwas anderem überein: Sie besaßen denselben Wunsch, das Land, das Bjarni gesehen hatte, zu erkunden. Beide wollten unter den ersten Europäern sein, die jenes Land betraten.

Zugegeben, die Zeit war knapp geworden für Bjarni und seine Männer. »Die Herbststürme waren im Anzug«, hatte Bjarni zu seiner Verteidigung gesagt. »Ich musste meinen Vater finden, solange ich konnte.«

Die Männer, die um das Feuer saßen, nickten. Sie wussten, was Stürme auf den Weltmeeren bedeuteten.

Als Bree eines Morgens aus dem Haus trat, hörte sie einen Vogel singen. Inzwischen wusste sie, wie kurz ein Sommer in Grönland sein konnte. An diesem Tag, dem Beginn ihres dritten Frühlings in Brattahlid, blieb sie draußen und wollte die Wärme der Sonne spüren. Wenn sie lange genug hier stehen blieb, würden die Blumen vielleicht durch den letzten Schnee dringen.

Im klaren Licht über dem Fjord wurden die Sonnenstrahlen vom Packeis, das stromabwärts trieb, zurückgeworfen. Es schimmerte weiß, silbern und blassgrün – wunderschön.

An jenem Abend verkündete Leif: »Morgen besuche ich Bjarni.« Es war nicht schwer zu erraten, worüber Leif mit Bjarni sprechen würde.

»Können Dev und ich dich begleiten?«, bat Mikkel rasch. Am nächsten Morgen waren sie unter den Männern, die zu Bjarnis Bauernhaus an der Südwestküste von Grönland reisen sollten.

Als sie zurückkehrten, segelte Leif auf einem riesigen Handelsschiff, das er von Bjarni erstanden hatte, in Eriks Fjord herein. Alle eilten zum Wasser hinunter, um es zu sehen.

Der Bug und das Heck waren hoch und gebogen. Das Schiff besaß einen Mast und ein einziges großes Segel. In der Mitte befand sich ein großer Zwischenraum, der bis zu den Schiffsspanten offen war. Jenen Raum konnten Leif und seine Männer mit Frachtgut beladen – Lebensmittel, die eine Zeit lang halten würden.

Obwohl Mikkels *Eroberung* viel kleiner war, hatte sie Platz für viel mehr Ruderer. Leifs Schiff war ein *Knorr*, ein seetüchtiges Handelsschiff, und bot nur für zwölf Ruderer Platz. Sechs Männer saßen vorne, drei auf der einen und drei auf der anderen Seite des Schiffsvorderteils. Die verbleibenden sechs Männer ruderten an einer Stelle hinter der Ladung. Das Schiff führte auch ein kleineres Schiff mit sich, um an Land zu gehen.

»Komm mit uns«, bat Leif seinen Vater, als er Erik das Schiff zeigte.

»Nein, nein, ich bin zu alt.«

Doch Leif bat erneut: »Sei der Anführer unserer Reise. Du weißt mehr als wir alle, wie man neue Länder erforscht.«

»Aber meine Knochen sind steif. Ich ertrage nasses und kaltes Wetter nicht mehr wie früher, als ich jung war.«

»Von all unseren Verwandten wärst du der beste Anführer.«

Erneut schüttelte Erik den Kopf.

Jeden Tag bereiteten Thjodhild und die anderen Frauen Proviant für die 35 Männer zu, die Leif mitnehmen wollte. Inzwischen wusste Bree genau, wie man sich auf eine Schiffsreise vorbereitete. Jedes Mal, wenn sie Vorräte zum Schiff brachte, bewunderte sie die starke Holzkonstruktion, stellte sich das vom Wind aufgeblähte Segel vor und wie sie Spritzer von Salzwasser auf dem Gesicht verspürte. Immer wieder fragte sie sich: *Werde ich mitfahren dürfen?*

Sie wollte nicht mehr zurückgelassen werden. Sie hatte keine Angst mehr vor dem, was geschehen könnte, die sie Tag und Nacht quälte. Stattdessen fragte sie sich: *Was, wenn Dev und Mikkel gehen und ich zurückgelassen werde?*

Wie die beiden Jungen sehnte sich Bree danach, für die Reise in unbekannte Länder ausgewählt zu werden. Jedes Mal, wenn sie darüber sprachen, wurde Bree ganz aufgeregt.

»Leif wird nur Männer mitnehmen«, meinte Mikkel eines Tages. »35 Männer, sagt er.«

»Keine Frauen?«, fragte Bree. »Wer wird dann die Arbeit erledigen?«

Mikkel starrte sie an. »Du willst mitkommen, Briana O'Toole, das irische Mädchen, das sagt, dass es nach Hause will? Nun willst du eine Entdeckerin werden?«

»Ich bin kein Mädchen. Ich bin eine junge Frau.«

Doch Mikkel hatte sie nur aufziehen wollen.

Sobald er Devin sah, fragte Mikkel: »Weißt du, was deine Schwester gesagt hat?« Und er erzählte es ihm.

Devin blickte verschmitzt. »Gut«, sagte er an Bree gewandt. »Ich wollte dich nicht zurücklassen.«

Eines Tages, als sie zuschaute, wie Leif seine Erkundungsreise vorbereitete, dachte Bree an den Frieden, der in Brattahlid Einzug genommen hatte. Auf dem Weg vom Aurlandsfjord nach Grönland waren immer wieder Dinge schiefgelaufen.

Das Salzwasser, mit dem die Fischsuppe verdorben worden war. Shadow, dessen Leine losgebunden worden war und der somit ins Haus des Königs eindringen konnte. Die Baumstämme, deren Befestigungsseile durchtrennt worden waren und die Mikkels Schiff beinahe zum Kentern gebracht hatten.

Wer hat versucht, Mikkel zu schaden?, fragte sich Bree. Welcher Mann seiner Besatzung hat sich in dieser ganzen Zeit ruhig verhalten? Ruhig und abwartend? Je länger Bree darüber nachdachte, desto mehr Sorgen machte sie sich.

Worauf wartet er?, fragte sich Bree. *Warum frage ich mich immer wieder, ob Mikkel etwas zustoßen wird? Will sich immer noch jemand rächen? Falls ja, warum?*

Sooft sie auch mit Mikkel nicht übereinstimmte, wollte Bree doch nicht, dass Schaden zugefügt wurde. Als sie mit Devin darüber sprach, stimmte er ihr zu.

»Du hast Recht, Bree, das ist wirklich seltsam. Vielleicht gibt es etwas, was diese Person haben oder erreichen will, bevor sie sich rächt.«

»Zum Beispiel gestohlene Schätze?«, fragte Bree.

Devin nickte, sagte jedoch nicht mehr.

Trotz ihrer Fragen darüber, ob Mikkel in Gefahr war, verspürte Bree in Eriks Haus Frieden. Trotz seines feurigen Temperaments. Trotz all der lebhaften Gespräche, die in seinem Haus geführt wurden. Gespräche über neue Länder und neue Abenteuer. Gespräche über die Erkundung einer Welt, die jene mit mutigen Herzen sehen wollten. Und Leif prägte ihr Denken.

War der Sommer in jenen Ländern länger? Gab es dort weniger Schnee und Eis? Bäume, mehr Weideland, ein wärmeres Klima, wo man Nutzpflanzen anbauen konnte?

Immer wenn Bree freudig erregt an Leifs Reise dachte, kamen ihr auch Fragen. *Wird die Person, die Mikkel schaden will, dabei sein? Falls ja, was wird noch passieren?*

Als Bree vor dem Haus arbeitete, hörte sie, wie Erik der Rote über das sprach, was ihn beschäftigte. »Warum willst du Siedler von Grönland abziehen?«, fragte er Leif.

»Das will ich nicht.« Leif klang, als wäre ihm das nie in den Sinn gekommen.

»Aber wenn du gutes Land findest, wird das die Folge sein.«

»Es würden viele Jahre vergehen …«, begann Leif zu erklären. »Erst müssen wir Bjarnis Land finden. Dann müssen wir es erkunden. Uns mit Schiffen und Leuten, Tieren und Saatgut und Vorräten aufmachen …«

Als Leif innehielt, erkannte Bree, dass ihm der Ärger seines Vaters nicht entgangen war. »Wir brauchen dich als Anführer«, sagte Leif leise. »Du bist der erfahrenste von uns allen.«

Doch Erik antwortete: »Nimm deinen Pflegevater, Tyrker, den Südländer, mit dir. Und das schottische Paar, das dir König Olaf gegeben hat. Wenn du Leute brauchst, die schnell rennen, Leute, die neues Land erkunden können – sie können es.«

»Und du?«, fragte Leif. Erneut ermutigte er seinen Vater, mitzukommen.

Schließlich ließ sich Erik überreden.

Mehr als eine Schiffsreise

Mikkels Fragen mündeten immer wieder in denselben Gedanken: *Warum ist Bjarni nicht an Land gegangen, als er das unbekannte Land gesehen hat?*

Er musste Grönland zwar vor dem Winter erreichen. Jeder, der im Norden lebte, wusste, wie stark die Herbststürme wüten konnten. Doch nun brannte in Mikkels Herz ein Feuer. *Ich will das neue Land sehen. Ich will meinen Fuß auf das Ufer setzen, das noch kein Europäer betreten hat.*

Einmal oder zweimal dachte Mikkel an den Ruhm, den er dadurch erlangen würde, und vielleicht an den Reichtum. Dann musste er zu seiner eigenen Überraschung feststellen, dass ihm etwas anderes wichtiger war. Bree und Devin und die anderen in seinem Leben. Mit jeder Faser seines Seins empfand Mikkel das Verlangen, neues Land zu erkunden und einen Ort zu entdecken, an dem man gut leben konnte.

Als Mikkel das erkannte, trat alles andere in den Hintergrund. Die Juwelen und Münzen, die er heimlich auf seinem Schiff mitgeführt hatte, schienen nicht mehr länger wichtig. Was bedeutete das schon im Vergleich dazu, eine neue Welt zu sehen?

Dann, als er an den Schatz dachte, fiel Mikkel etwas ein. Wie ein Lichtblitz erschien der Gedanke. *Der Mann, der sich rächen will. Der Mann, der mich so sehr hasst, dass er Rache will.* Und Mikkel wusste, weshalb.

Er wollte den Raubzug auf das Kloster in Glendalough anführen. Und ich habe Nein gesagt. Ich habe ihm befohlen, das Schiff zu bewachen.

Als wäre es erst gestern geschehen, erinnerte sich Mikkel daran. *Ich wollte die Juwelen, die Schätze, den Reichtum. Doch ich wollte nicht, dass Leute dabei zu Schaden kommen.*

Auf dem Raubzug hatte er mit Bruder Cronan verhandelt. Damals hatte Mikkel nicht gewusst, dass der Mönch sowohl Lehrer als auch Freund von Devin und Bree war. Als Mikkel ihn bedrohte, bot Bruder Cronan ihm ein heiliges Buch, das mit Juwelen übersät war, als Gegenleistung für die Sicherheit seiner Leute an. *Und ich war froh um den Deal!*

Nun konnte Mikkel nur demütig feststellen, dass Gott ihn davon abgehalten hatte, jemanden zu töten. Doch der Mann, der den Raubzug hatte anführen wollen?

Er will immer noch den Reichtum, den ich gewonnen habe. Er denkt, ich hätte ihm im Weg gestanden, und will sich rächen. Aber ich kann es nicht beweisen. Ich kann nicht beweisen, dass er es war, der die Seile auf dem Schiff durchgeschnitten hat – dass er uns alle in Gefahr gebracht hat.

Von jenem Tag an wusste Mikkel, dass er dauernd auf der Hut sein musste.

Von jener Stunde an tat er auch alles, um sich bei Leif unentbehrlich zu machen. War er, Mikkel, nicht ein geschickter Schwertkämpfer? Ein vortrefflicher Mann mit Pfeil und Bogen? Der erfahrene Kapitän eines Schiffs? Hatte er nicht bereits den Weg durch die Nebel Grönlands gefunden? Wenn er mit Holz für dieses baumlose Land zurückkehren wollte, musste er alles, was er konnte, über die umliegenden Meere wissen.

Als Leif ihn für seine Reise auswählte, war Mikkel erleichtert. Dann versuchte er dafür zu sorgen, dass Devin und Bree auch angefragt wurden, um mitzureisen.

Nach und nach wählte Leif die Männer aus, die er wollte, und bot dabei jeder Person, die einwilligte mitzukommen, einen Anteil am Gewinn an. Immer wenn ein Mann ausgewählt wurde, zählten Mikkel und Devin mit. Es gab immer weniger Plätze zu besetzen.

»Dev ist ein echt guter Schmied«, erzählte Mikkel Leif, während sie Seite an Seite arbeiteten. Nachdem er diesen Satz ausgesprochen hatte, fragte sich Mikkel, wann er eigentlich begonnen hatte, Brees Bezeichnung für ihren Bruder zu benutzen.

»Bist du dir sicher?«, wollte Leif wissen. Als hätte er die Worte nicht ernst genommen, fuhr Leif fort, sein Schiff zu beladen.

»So sicher, wie die Sonne auf- und untergeht. Schau dir die Nieten an meinem Schiff an. Devin hat sie in unserer Schmiede in Aurland gefertigt. Vergiss nicht, dass er auch ein Geschichtenerzähler ist. Und er spielt Dudelsack.«

Leif lachte laut. »Das hast du mir schon unzählige Male gesagt. Und Bree? Ich nehme an, als Nächstes sprichst du von ihr?«

Der nächste Mann, den Leif wählte, war Devin. Er und Mikkel brannten darauf, es Bree zu erzählen. Betont lässig gingen sie in ihrem üblichen Schritttempo vom Fjord hinauf. Doch als sie in den großen offenen Saal in Eriks Langhaus traten, eilte Devin auf Bree zu. »Er hat mich angefragt!«

Bree blieb stocksteif stehen. »Leif?«, fragte sie.

»Ich bin der fünfunddreißigste Mann, der für die Reise ausgewählt wurde!«

Als Mikkel bemerkte, wie ausdruckslos Brees Gesicht wurde, stupste er Devin an. »Komm«, meinte er. Er ließ Bree stehen und führte Devin nach draußen.

»Wir müssen beten«, sagte Mikkel und überraschte damit sogar sich selbst. »Wir können Bree nicht allein hierlassen.«

Gefahr, Gefahr!

An jenem Nachmittag bereitete Bree die Mahlzeit zu, von der sie wusste, dass es Leifs Leibspeise war. Mit wertvollem aus Norwegen importierten Honig machte sie Haferplätzchen. Zum hundertsten Mal betete sie verzweifelt, dass auch sie die Erlaubnis zur Mitfahrt bekommen würde. Bisher wusste sie nur von einer Frau, die angefragt worden war – die schottische Frau, die flink wie ein Hirsch laufen konnte.

Als Bree die besondere Speise vor Leif auftischte, sprach er Bree an. »Mikkel sagt, du seist eine gute Köchin.

»Ja?« Überrascht warf Bree einen Blick auf Mikkel. Das hatte er ihr erst selten gesagt.

»Ich habe Nola gesagt, dass ich sie auf der Reise dabeihaben möchte …«

Bree wandte sich ab und versuchte ihre Enttäuschung zu verbergen. Nola war eine gute Freundin. Leif hatte die richtige Wahl getroffen. Obwohl Bree es nicht zugeben wollte, war Nola die bessere Köchin.

Doch Leifs Stimme hielt Bree zurück. »Nola sagt, sie brauche deine Hilfe.«

Als Bree Leif in die Augen blickte, merkte sie, dass er es neckend sagte. Dann blickte sie über Leif hinweg und sah die Erleichterung und Freude in Mikkels Gesicht.

Bree richtete sich auf und stand würdevoll vor diesem Anführer, den sie respektierte. »Ja«, sagte sie, wobei ihre Stimme stärker klang, als sie sich fühlte. »Es ist wichtig, dass du 35 Männer, aber auch drei Frauen hast.«

Am nächsten Tag wehte ein günstiger Wind, und Leif beschloss: »Heute Abend beladen wir fertig. Am Morgen will ich auslaufen.«

An jenem Nachmittag und bis in die Dämmerung vor der absoluten Dunkelheit hinein war Bree damit beschäftigt, alles Nötige zu packen. Einige der Tonnen für getrockneten Fisch waren groß und mussten von Männern getragen werden. Doch auch kleinere Fässer, die Bree von Mikkels Schiff erkannte, waren dabei. Als sie das letzte Fass füllte, fiel ihr auf der Seite eine ungewöhnliche Markierung auf.

Bree erkannte den Schnitzer auf einer der Dauben. Sie erinnerte sich daran, wie es dazu gekommen war. An jenem Tag vor langer Zeit hatte Mikkel schnell etwas bedeckt, als Bree ins Bootshaus gekommen war. Und dann, während er an einem schmalen Holzstreifen arbeitete, war er mit der Axt ausgerutscht.

Später am selben Tag war Bree zum Bootshaus zurückgekehrt, in der Hoffnung, das zu finden, was Mikkel versteckte. Doch der Tisch war leer gewesen. Die Gestelle enthielten nur Werkzeuge.

Nun setzte Bree den Deckel aufs Fass, hob es hoch und ging zu Leifs Schiff. Sie war beinahe dort – da spürte sie auf einmal, wie sich eine der Dauben bewegte. Als Bree das Fass im Frachtraum absetzte, bewegte sich die Daube wieder.

Rasch kniete Bree sich hin und fuhr mit der Hand über das dünne Holzstück. In den drei Jahren in Grönland war das Holz getrocknet und die Daube etwas loser geworden. Als würde sie eine Wunde entlangfahren, folgte Bree mit dem Finger dem Schnitzer und verspürte dabei immer noch Mikkels Ärger.

Zu ihrer Überraschung bewegte sich die Daube etwas nach oben. Als Bree gegen den Schnitzer drückte, glitt das Holzstück weit genug, um den Blick auf einen Hohlraum im Fassboden freizugeben.

Bree stand auf und sah sich um. *Niemand in Sicht.*

Dann bewegte sich ein Schatten entlang eines nahe gelegenen Schiffs. Bree wartete und beobachtete, konnte jedoch nicht mit Sicherheit sagen, ob jemand dort war. Sie konnte jedoch mit Sicherheit sagen, dass jemand auf dem Hügel in der Nähe des Hauses stand, wo es heller war.

Weit genug entfernt, dachte Bree erleichtert. Wenn sie jetzt nicht suchte, bekam sie vielleicht nie wieder die Möglichkeit dazu. Wieder auf den Knien langte sie mit der Hand durch die Öffnung. Ein Hohlraum befand sich zwischen dem Boden des Fasses und einem dünnen Holzstück darüber.

Bree tastete im Hohlraum herum und fand einen kleinen Lederbeutel. Sie zog ihn heraus und legte ihn aufs Deck. Als sie den Hohlraum nochmals absuchte, fand sie einen zweiten und dann einen dritten Beutel.

Aha! Nacheinander hielt Bree jeden Beutel in dem dämmrigen Licht hoch. Der erste Beutel war nicht gekennzeichnet. Es war einfach ein gewöhnlicher Lederbeutel, der mit Münzen gefüllt war. Bree war sich sicher, dass Mikkel sie in ehrlichem Handel verdient hatte.

Der zweite Beutel? Im Leder sah Bree einen Bären als Markierung, der auf Devins Beschreibung passte. Als sie den Beutel öffnete, fand sie Gold- und Silbermünzen. Die meisten besaßen eine ihr unbekannte Prägung. Zweifellos waren das die Münzen, die dem Schuhmacher Björn gestohlen worden waren, dem Freund von Mikkels Vater.

Eilig schob Bree die ersten beiden Beutel in ihr Versteck zurück und nahm den dritten Beutel zur Hand. Als sie die Schnur am oberen Ende löste, ließ Bree den Inhalt in ihre Handfläche fallen.

Juwelen! Wunderschöne Juwelen, sogar in dem Dämmerlicht. Bree hatte keine Zweifel, dass dies sehr wertvolle Juwelen waren. Diese Juwelen konnten nur von einem Ort stammen. Aus Glendalough! Denn jahrelang hatten Pilger dem Kloster wertvolle Geschenke gemacht. Oft benutzten die Mönche sie für die Deckel der Bibeln, die sie von Hand abschrieben.

Ehrfürchtig blickte Bree auf die Juwelen und überhörte dabei beinahe, dass ein Hund bellte und sich

Stimmen näherten. Plötzlich fiel Bree ein, wie gefährlich es wäre, wenn sie entdeckt würde. Schnell hielt Bree den dritten Beutel auf und leerte die Juwelen aus der Hand zurück. Doch einige gingen daneben und rollten auf das Deck.

Mit klopfendem Herzen suchte Bree die Juwelen. Ein Juwel nach dem anderen steckte sie in den Beutel zurück. Als die Stimmen näher kamen, zog sie die Schnüre zusammen, schob den Beutel in den Hohlraum und schloss die Daube.

Bree stand auf und rollte das Fass zu den anderen Fässern hinüber. Erleichtert stellte sie es hin.

Doch da hörte sie ein Geräusch gleich hinter sich. Sie wirbelte herum und stand Mikkels zornerfülltem Gesicht gegenüber.

»Du hast sie also gefunden?«, fragte er.

»Was gefunden?« Bree versuchte so zu tun, als wüsste sie von nichts.

»Du weißt, wovon ich spreche. Die Münzen und Juwelen, die mich zu einem reichen Vierzehnjährigen gemacht haben.«

»Und? Was ist mit ihnen?« Bree musste ihren ganzen Willen aufbringen, um nicht das Fass anzuschauen.

Doch Mikkel ging hinüber und kippte es an. »Nun, wenigstens hast du die Daube richtig verschlossen.«

»Die Daube?«, spielte Bree immer noch die Unschuldige.

Doch ihre Worte machten Mikkel nur noch wütender. Bedächtig, als hätte er alle Zeit der Welt, stellte

Mikkel das Fass wieder an seinen Platz. Als er sich aufrichtete, blickte er Bree an.

»Was hast du gefunden?«

Als Bree nichts sagte, fragte er erneut, aggressiver: »Was hast du gefunden?«

Bree begann zu zittern, als sie sich daran erinnerte, was Dev vor einiger Zeit gesagt hatte. *Wenn Mikkel weiß, dass du weißt, dass er den Freund seines Vaters bestohlen hat, wird er dich nie mehr nach Irland gehen lassen.*

Langsam, bedächtig, zog Mikkel seinen Dolch. Als Bree hörbar die Luft einzog, kniete er nieder. Mit der Messerspitze kratzte er ein Juwel von dem Ort, wo es zwischen zwei Brettern gesteckt hatte, hervor.

Mikkel hob das Juwel auf und hielt es zwischen seinem Daumen und Zeigefinger. Ohne ein Wort zu sagen, hielt er das Juwel Bree vors Gesicht.

Wie eine Strömung bei Flut wirbelten Brees Gedanken durch ihren Kopf. *Nicht nach Irland gehen?* Und dann wurde Bree noch etwas anderes bewusst: *Nicht auf Leifs Reise gehen.*

Bree blickte das Juwel an und musste unweigerlich daran denken, wie wertvoll es war. *Wertvoll?* In jenem Augenblick hätte Bree Mikkel am liebsten ins Gesicht gelacht. Das Juwel schien die drei Jahre, die sie als Sklavin verbracht hatte, zu symbolisieren. Eine Sklavin, die von Münzen und Juwelen gebunden war, die in einem Holzfass versteckt waren. Eine Sklavin, die von Mikkels Gier gebunden war.

Bree richtete sich auf, doch ihre Gedanken waren immer noch durcheinander. *Ich dachte, Mikkel hätte sich verändert. Aber stimmt das? Das kann ich ihm nicht durchgehen lassen.*

Wie ein Schrei mitten in dunkelster Nacht betete Bree, ohne die Lippen zu bewegen. Dann blickte sie Mikkel direkt an, mit hocherhobenem Kopf und festem Blick. »Du hast diese Juwelen gestohlen. Sie symbolisieren deine Gier.«

Als hätte sie ihn geschlagen, trat Mikkel einen Schritt zurück. Er zischte: »Meinen Reichtum meinst du wohl.«

Bree schüttelte den Kopf. »Nein. Du denkst, dass in jenem Holzfass dein Reichtum steckt, aber er kann dir mehr als alles andere schaden.«

Auch Mikkel richtete sich zu seiner vollen Größe auf und überragte Bree um einige Zentimeter. »Ich werde auf den Schatz aufpassen.«

»Und wie?«

»Das ist nicht dein Problem.«

»Nicht mein Problem?« Bree war außer sich vor Wut. »Du hast Iren bestohlen. Meine Leute. Es geht um deine Ehrlichkeit, wenn …«

Bree hielt inne. Trotz ihrer Wut wollte sie das nicht aussprechen.

Mikkel starrte sie an. »Nach so langer Zeit zweifelst du an meinem Glauben?«

Nun hatte Bree das Gefühl, als liefe sie um ihr Leben. Als sie wieder etwas sagte, war ihre Stimme kaum lauter als ein Flüstern: »Mikkel, würdest du deine Seele für Reichtum und Ruhm verkaufen?«

Erneut fühlte sich Mikkel wie geschlagen. »Danke, Bree. Ich dachte, wir wären langsam Freunde. Dass du mir endlich vertraust.«

Bree hatte das Gefühl, dass ihr Leben aus den Fugen geriet, während sie ihn anstarrte. »Wie kann ich dir vertrauen, wenn ich mich fragen muss, ob du ehrlich bist?«

Darauf drehte sie sich um und ging davon. *Ich habe alles verloren*, sagte sie sich. *Alles, was mir wichtig ist. Mit Leif mitzufahren. Nach Hause zu gehen. Frei zu werden.*

Doch dann wusste sie, warum sie so gehandelt hatte. Wie hätte sie schweigen und trotzdem noch mit sich selbst leben können? Wie konnten sie und Mikkel je eine Freundschaft haben, solange sein dunkles Geheimnis zwischen ihnen stand?

Als Bree vom Schiff eilte, erblickte sie den Schatten erneut. Diesmal schien er mit einem Schuppen in der Nähe des Wassers zu verschmelzen. Diesmal schien der Schatten eine bekannte Form anzunehmen. Hatte einer der Zwillinge sie von dort aus beobachtet? War es Garth oder Hammer, der sich vergewisserte, dass es ihr gut ging?

Wer es auch immer war, er hatte seine Gründe, sich zu verstecken. Bree war sich sicher, dass er auch von Mikkels verborgenem Schatz erfahren hatte.

Die restliche Nacht lag Bree wach. In der Dunkelheit ihrer Angst schien Gott weit weg. Würde es ihr trotzdem erlaubt werden, mit Leif zu fahren? Oder würde Mikkel ihm sagen, dass sie in Grönland bleiben sollte?

Als der neue Tag dämmerte, war der Wind günstig und Leifs Männer trugen die letzte Wassertonne an Bord. Bree stand in der Nähe des Hauses und hoffte, dass sie nicht beachtet würde. Während sie abwartete, was geschehen würde, sprach Bree innerlich ein schmerzerfülltes Gebet. *Jesus, ich benötige dein mutiges Herz.*

Als die Zeit zum Auslaufen gekommen war, kam Erik nach draußen und verabschiedete sich von Thjodhild. Seine Beine waren steif, als er sein Pferd bestieg und sich zum Schiff aufmachte.

Obwohl es nur eine kurze Strecke war, ritt Leif langsam auf einem anderen Pferd neben seinem Vater. Bree ging hinter ihnen her und beobachtete Erik.

Auch jetzt noch verstand sie diesen Mann, der aus Island verbannt worden war, nur ansatzweise. Erik war gezwungen gewesen, seine Frau, Kinder und Freunde zu verlassen, und war in unbekannte Gewässer gesegelt. Doch er hatte dieses Land entdeckt und Siedler hierhergeführt.

Nun befand sich das weiche grüne Gras seiner Farm unter den Hufen von Eriks Pferd. Wie eine Oase in einem vereisten Land war das reiche Grün des Grases ausgebreitet. Während er ritt, blickte Erik die Wasserstraße hinauf und hinunter und dann zu den Bergen auf der gegenüberliegenden Seite des Fjords.

Nachdem er seinen Blick ein letztes Mal über die Landschaft hatte schweifen lassen, blickte Erik nach vorne, wie um sich darauf vorzubereiten, einen geliebten Ort hinter sich zu lassen. Da stolperte auf einmal sein Pferd. Erik verlor den Halt und landete unsanft am Boden.

Leif war als Erster bei ihm. »Hier, ich helfe dir auf.« Doch als er versuchte zu stehen, konnte Erik einen Fuß nicht belasten.

»So kann ich nicht aufbrechen«, sagte er. »Wenn ich auf eine Reise gehe, muss ich gesund und kräftig sein.«

»Du kannst uns immer noch anführen«, erwiderte Leif. »Wir werden die schwere Arbeit erledigen.«

Doch Erik schüttelte den Kopf. »Das Schicksal hat es nicht gewollt, dass ich mehr Land als dieses grüne Land, auf dem wir leben, entdecke. Dies ist das Ende unserer gemeinsamen Reise.«

Leif stand da und konnte nicht verbergen, wie traurig er war. Offensichtlich wollte er seinen Vater nicht zurücklassen. Noch wollte er von ihm getrennt sein, weil sie in ihrem Glauben unterschiedliche Wege eingeschlagen hatten. Dann bestimmte Erik: »Du musst ohne mich gehen.«

Einen Augenblick zögerte Leif und blickte seinem Vater in die Augen. Dann, als wüsste er, dass er keine andere Wahl hatte, half Leif seinem Vater wieder auf das Pferd. Leif schaute Erik nach, wie er zum Haus zurückkehrte.

Als Leif sich zum Fjord drehte, war ihm die Enttäuschung immer noch ins Gesicht geschrieben. Dann blickte er zu dem hohen Mast auf. Oben wehte seine Flagge.

Da straffte Leif entschlossen die Schultern. Gerade aufgerichtet, kräftig und groß stand er da, als er den Befehl gab: »Bereit machen zum Auslaufen!«

Jeder Mann machte sich an seine Arbeit. In der Geschäftigkeit um das Schiff huschten Bree und der Hund Shadow an Bord.

Als das große Handelsschiff aus Brattahlid auslief, stand Leifs Mutter auf einem Stück grünen Grases. Ein ermutigendes Licht strahlte auf ihrem Gesicht, als sie die Hand zum Abschied hob. Doch Leifs Vater, Erik der Rote, war nirgends in Sicht.

Der Tau des Himmels

Während Bree zuschaute, wie die Entfernung zwischen Eriks Farm und Leifs Schiff wuchs, hatte sie das Gefühl, sie halte die ganze Zeit die Luft an. Zwischen zwei Tonnen kauerte sich Bree hin und machte sich so klein wie möglich. War es überhaupt denkbar, dass es ihr nach ihrem Streit mit Mikkel erlaubt wäre, die Reise mitzumachen? Oder hatte Mikkel sie einfach nicht bemerkt?

In der Nähe des Schiffsbugs saßen er und Devin und lehnten sich vor und zurück, vor und zurück und ruderten mit ganzer Kraft. Im Takt tauchten die zwölf Männer ihre Ruder ein. Auf der Steuerbordseite stand Leif an der Ruderpinne und lenkte das große Handelsschiff. Hoch über ihren Köpfen, an der Spitze des hohen Masts, flatterte seine Flagge in der Brise. Wind wölbte das majestätische Segel.

Als das Schiff das Ende von Eriks Fjord erreichte, bog Leif in die Meerenge Davis ein. Er folgte Bjarnis Richtungsanweisungen und fuhr nordwärts. In genügendem Abstand zur zerklüfteten Uferlinie segelte er die Westküste Grönlands hoch.

Erst dann glaubte Bree, dass sie nicht zurückgeschickt würde. Zum ersten Mal seit ihrem Streit mit Mikkel begann sie klar zu denken. Nachdem sie ihrem Ärger Luft gemacht hatte, hatte sie die Nacht in der festen Überzeugung verbracht, dass Mikkel mit Leif sprechen würde. Nun drangen zwei tröstende Gedanken durch ihre Angst. *Ich wurde trotzdem nicht zurückgelassen. Und ich habe Mikkel nicht gesagt, dass ich weiß, dass er den Freund seines Vaters bestohlen hat.*

Doch dann fiel Bree der Schatten eines Unbekannten, der sich in der Nähe von Leifs Schiff herumgetrieben hatte, wieder ein. Wer auch immer die Person war, sie hatte beobachtet und gehorcht. *Jemand weiß, wo der Schatz ist.*

Der Gedanke ließ Bree erschaudern. *Mikkel ist wieder in Gefahr.*

Von ihrem Platz zwischen den Tonnen blickte sich Bree um. Es war einfach festzustellen, welche von Mikkels Männern Leif für seine Reise ausgewählt hatte. Bree zählte sie. Es waren sechs Männer.

Doch Nola hatte ihr erzählt, dass Garth auf Mikkels Reise nach Irland nicht dabeigewesen war. *Fünf Männer, wenn sie Hammer auch zählte. Doch wäre er ohne seinen Zwillingsbruder nach Irland gegangen? War irgendeiner dieser fünf Männer beim Raubzug dabei?* Bree war sich sicher, dass sie wüsste, wer sich rächen wollte, wenn sie die Antwort auf diese Frage hätte.

Nach einiger Zeit änderte Leif den Kurs. Als sie auf die offene See zusteuerten, versuchte sich Bree an die Gesichter aller Wikinger auf der Reise von Irland zu erinnern. Schließlich musste Bree aufgeben. Sie war zu verängstigt gewesen, zu seekrank, zu wütend, um sich an alle zu erinnern. Drei Jahre später enthielt ihr Gedächtnis nur noch die Gesichter des größten und des kleinsten Mannes – derjenigen, die auf irgendeine Weise aufgefallen waren. Die Männer durchschnittlicher Größe waren verblasst.

Nach zwei Tagen erreichte Leif das Land, das Bjarni und seine Männer zuletzt gesehen hatten.

Als Leif mit seinem Schiff in einer geschützten Bucht vor Anker ging, ließen die Männer das kleine Boot zu Wasser.

Bree ging in Richtung des Bootes in der Hoffnung, an Land gehen zu können. Doch Leif nahm nur kampferprobte Männer und diejenigen, die rudern sollten, mit. Als Mikkel und Devin die Ruder aufnahmen, blickte ihr Bruder zu Bree zurück und grinste.

Sobald das Boot an Land kam, strömten die Männer auf den Strand. Zu Brees Überraschung kehrte das Boot zurück. Diesmal durfte sie mitgehen.

Als Shadow ihr ins Boot folgte, hielt Bree ihn auf dem Schoß, damit er keinen zusätzlichen Platz einnahm. Doch in der Nähe des Ufers schüttelte er sich frei, sprang über die Bootsseite und schwamm den restlichen Weg.

Auf beiden Seiten der Anlegestelle wuchsen Bäume an den Hängen. Leif und die anderen Männer stiegen an einem kleinen Bach entlang den Hang hinauf. Als Bree ihnen folgte, verfiel Mikkel neben ihr in Gleichschritt. Bree hatte seit ihrer letzten Nacht in Brattahlid nicht mehr mit ihm gesprochen. Es war ihr gelungen, ihn die ganze Zeit zu meiden.

»Bree, es tut mir leid, was geschehen ist«, ließ Mikkel nun verlauten. »Wenn ich nach Irland zurückgehe, werde ich tun, was recht ist.«

»Ach ja?« Brees Schmerz ging immer noch so tief, dass sie kaum sprechen konnte. »Wirklich?« Von ganzem Herzen wollte sie ihm glauben. Und genauso hatte sie von ganzem Herzen Angst davor, es zu versuchen.

»Wirklich. Du kannst mir vertrauen. Ich verspreche es.«

Tränen traten Bree in die Augen. »Mikkel, ich will glauben, was du sagst. Und ich will an dich glauben.«

Als ihr eine Träne die Wange herunterglitt, streckte Mikkel die Hand aus und wischte die Träne sanft ab. »Ich lerne beten«, erklärte er. »Weißt du, worum ich gerade bitte? Dass Jesus mir sein mutiges Herz schenkt.«

Fassungslos blieb Bree stehen. Sie konnte nicht weitergehen. »Was hast du gesagt?«

Als Mikkel sein Gebet wiederholte, wusste Bree, dass sie es ihm sagen musste. »Am letzten Morgen in Brattahlid habe ich um dasselbe gebeten.«

Mikkels Lächeln reichte bis zu seinen Augen. »Danke, Bree. Das hättest du mir nicht erzählen müssen, aber ich bin froh, dass du es getan hast.«

Bree nahm die Hand, die ihr Mikkel hinstreckte, und ließ sich von ihm über den glatten Untergrund am Bach helfen. Während sie weiterkletterten, sang sie innerlich. Es fühlte sich so gut an, dass Friede war zwischen ihnen. Zudem war sie froh, dass Mikkel geistlich wuchs. Dann fielen ihr ihre sorgenvollen Gedanken wieder ein.

»Mikkel, welche Männer auf dieser Reise sind mit dir nach Irland gefahren?«

»Warum fragst du?«

»Weil ich Angst um dich habe.«

»Ich auch.« Doch Mikkel grinste.

»Nein, ich meine es ernst. Der Mann, der die Baumstämme losgeschnitten hat, der dein Schiff beinahe zum Kentern gebracht hat – warum will er sich rächen? Ist er auch auf Leifs Schiff?«

Doch Mikkel wollte es ihr nicht sagen. »Ich behalte die Augen immer offen«, sagte er.

Oben auf dem Hügel angekommen, standen Leif und die anderen Männer auf einer weiten offenen Fläche ohne Gras oder Bäume. Als sie die Felsplatten sah, die sich weit bis zu eisbedeckten Bergen erstreckten, erinnerte sich Bree an die Felder von Irland. Sie dachte an das grüne Gras und an die Schafe, die darauf weideten. Dann ergriff Leif das Wort.

»Von uns wird man – im Gegensatz zu Bjarni – nicht sagen können, dass wir dieses Land nicht betreten haben. Ich gebe ihm nun einen Namen – *Helluland*.«

Die Männer um Leif grinsten wegen der Bedeutung des Namens: Flachfelsen- oder Steinplattenland. Ein solches Land war zu nichts zu gebrauchen.

Shadow, froh um seine Freiheit, rannte und schnüffelte überall herum. Als sich Bree und Mikkel wieder zum Schiff aufmachten, gingen sie wieder auf dem glatten Abhang am Bach entlang. Auf halbem Weg warf Bree einen Blick zurück und sah eine Felsplatte, die über ihnen hervorragte. Als Mikkel nahe am Wasser weiterging, bellte Shadow auf einmal.

Bree blieb stehen. Das war Shadows Warn-Gebell. Er raste auf Mikkel zu und bellte erneut. Erneut blickte Bree hoch. Diesmal sah sie ein Gesicht auf dem Felsvorsprung über ihnen. Da setzte sich plötzlich ein Felsbrocken in Bewegung.

Mit einem heftigen Schubs stieß Bree Mikkel zur Seite. Als er zu Boden fiel, krachte der Felsbrocken an den Ort, wo Mikkel eben noch gestanden hatte.

Diesmal streckte Bree ihm die Hand hin, um ihm aufzuhelfen. Als Mikkel sie ergriff, war er ganz weiß im Gesicht.

Unten an der Küste warteten alle auf sie. Außer einer Person. Nun wusste Bree, welcher Zwilling es war. In dem Augenblick, bevor Hammer den Felsen gestoßen hatte, hatte Bree den Hass in seinen Augen gesehen.

»Was ist los?«, fragte Leif, als Mikkel und Bree das Ufer erreichten. Als sie es ihm erzählten, sagte Leif: »Wir warten, bis Hammer kommt.«

Mikkel ging zu Garth. »Dein Bruder – dein Zwillingsbruder …«

»Hammer ist wütend«, sagte Garth.

»Ja«, bestätigte Mikkel. »Ich weiß, weshalb er mich hasst. Er will sich rächen.«

Garth nickte. »Als ich eine Vermutung hatte, wer hinter den durchschnittenen Seilen auf dem Schiff stecken könnte, begann ich ihn zu beobachten. Ich dachte, wenn ich ihn genau genug im Auge behielte, könnte ich ihn davon abhalten, dir zu schaden.« Garth schüttelte den Kopf. »Heute hat das nicht gereicht. Seine Gedanken sind von Hass durchtränkt.«

Als Hammer zwischen den Bäumen hervortrat, packten ihn Männer an den Armen. Er ließ sich widerstandslos fesseln. Jetzt wusste Bree, wie sie die Zwillinge auseinanderhalten konnte: Sie brauchte nur Hammers Augen zu sehen.

Erneut lenkte Leif das Schiff auf die offene See hinaus, wo das Segeln sicherer war als in Küstennähe. Nach drei Tagen kam ein anderes Land in Sicht. Sie segelten darauf zu und warfen den Anker aus. Wieder ruderten die Männer im kleinen Boot an Land.

Diesmal blieb Bree auf dem Schiff. Soweit das Auge reichte, war das Land eben und von Bäumen überwachsen. Ausgedehnte Bereiche des Strands bestanden aus weißem Sand. Bree wünschte sich, sie könnte den Sand zwischen den Zehen spüren.

Erneut blickte sich Leif um. Als er sprach, erreichte seine kräftige Stimme Bree und die anderen. »Dieses Land soll einen Namen tragen, der in Einklang mit seiner Beschaffenheit ist«, verkündete er. »Ich nenne es *Markland*.«

Waldland. Leif hatte einen passenden Namen gewählt. Diesmal lachten seine Männer. Anstatt das Land entgegen seiner Beschaffenheit zu benennen wie Erik, hatte sein Sohn das Land gemäß seiner Beschaffenheit benannt.

Um einen Wind auszunutzen, der aus Nordosten blies, kehrten Leif und seine Männer so schnell wie möglich zum Schiff zurück. Nachdem sie zwei Tage lang kein Land gesichtet hatten, kam wieder Land in Sicht, das sie ansteuerten. Als sie näher kamen, entdeckten sie eine Insel an der Nordseite des Landes. Dort fanden sie Schutz auf der windabgewandten Seite.

Früh am nächsten Morgen stiegen sie auf den höchsten Punkt der Insel, um einen Überblick zu gewinnen. Leif führte und Bree, Mikkel, Devin und die anderen folgten.

Nach den Tagen auf See genoss es Bree, ihre Beine ausstrecken zu können. Sie spürte die Wärme der Sonne auf dem Gesicht und auch das Licht in ihrem Herzen. Dann bemerkte sie, wie Mikkels Blick auf ihr ruhte.

»Bree, neulich, da …« Er hielt inne, fuhr dann aber fort. »Wenn wir nicht zusammen gegangen wären …«

»Ich weiß«, sagte sie. »Und wenn ich dir nicht hätte vertrauen können …«

Als Bree ihn anblickte, versuchte Mikkel etwas zu sagen, war jedoch nicht imstande dazu. Bree genauso wenig.

Das Gras war grün und üppig, und der Tau funkelte in der Morgensonne. Bree ließ sich auf die Knie fallen, streckte die Arme aus und benetzte ihre Finger.

Wasser, dachte sie, als sie ihre Finger zum Mund führte. *Frisches, Leben spendendes Wasser!*

Bree lehnte sich vor und formte mit den Händen einen Becher um das Gras. Als sie die Hände hob, glitt das Gras hindurch, doch das Wasser blieb.

Einen Augenblick lang blickte Bree auf ihre Handflächen und Finger, die von der Feuchtigkeit der Erde benetzt waren. Ihre Hände immer noch zu einem Becher geformt, neigte Bree den Kopf und trank.

Um sie herum taten Mikkel und Devin dasselbe. Weiter entfernt kniete sich Leif hin und trank den Tau des Himmels. Wieder und wieder senkte er die Hände, füllte sie mit Wasser und führte sie an seinen Mund. Jedes Mal, wenn er trank, blickte er nach oben.

Als sie schließlich alle zum Abmarsch bereitstanden, waren sie sich einig, dass sie noch nie etwas so Süßes geschmeckt hatten.

Während sie den Hügel hinuntergingen, atmete Bree langsam und tief ein. *Was kommt als Nächstes?*, fragte sie sich. Was es auch war – es würde gut sein.

Danksagung

Als Jesus auf der Erde wandelte, erzählte er uns von einem Mann, der sich um andere kümmerte. Jesus hat uns den Namen des Mannes nicht genannt – nur sein Herkunftsland, Samaria, und uns einen Einblick in seinen Charakter gegeben. Doch über die Jahrhunderte hinweg und auf der ganzen Welt ist uns dieser Mann als der barmherzige Samariter in Erinnerung geblieben.

Der barmherzige Samariter hat dem Mann, der überfallen und geschlagen worden war und hilflos am Wegrand lag, nicht nur erste Hilfe geleistet. Er brachte den verletzten Mann an einen sicheren Ort, ordnete weitere Pflege an und teilte seine Güter, damit das Richtige getan wurde. Der barmherzige Samariter hat von seiner Zeit geopfert und Mut gemacht.

Einen Roman wie den vorliegenden hätte ich nicht ohne die Hilfe von unzähligen Personen schreiben können, die mir ihre Zeit geopfert und Mut gemacht haben. Ich bin all diesen Leuten von Herzen dankbar.

Was geschieht als Nächstes …

Nach den Jahren in Grönland gehen Bree, Devin und Mikkel mit dem Entdecker Leif Erikson auf große Fahrt und erforschen eine neue Welt. Sie planen, eine Unterkunft zu bauen, um sicher überwintern zu können. Doch wie können sie das Schiff beschützen, das ihre einzige Rückkehrmöglichkeit nach Hause ist? Ständig lauert Gefahr. Wird Mikkel sein Versprechen halten und Bree und Devin nach Irland zurückbringen? Was, wenn es beim Halten eines Versprechens um Leben und Tod geht?

Die Abenteuer-Reise 5

Das Versprechen des Räubers

Die Reihe »Die Abenteuer-Reise« umfasst insgesamt fünf Bände und wird in den nächsten Jahren vollständig bei CLV erscheinen.